AF200328

METAMORPHOSE GOTTES

Philosophie und Erkenntnistheorien im kritischen Betrachten

BIBLIOGRAFISCHE INFORMATION DER DEUTSCHEN NATIONALBIBLIOTHEK

Die Deutsche Nationalbibliothek verzeichnet diese Publikation in der Deutschen National-bibliografie. Detaillierte bibliografische Daten sind im Internet abrufbar über: http://dnb.d-nb.de

Aktuelle Version: Jan. 2019

IMPRESSUM

9 783748 159803

METAMORPHOSE GOTTES

Herstellung und Verlag:
BoD- Books on Demand, Norderstedt

INHALTSVERZEICHNIS

VORWORT
Es geht hier um die Sache, und zwar ausschließlich um die Sache...

Dieses Buch ist kurzgefasst und soll Menschen dienen, die sich eine Vorstellung über Philosophie, als auch eigene Rolle im Konglomerat der manch fraglichen Erkenntnistheorien überlegen möchten... Ein Bestehen des Abiturs, ist für Begreifen der Inhalte dieses Buches keinerlei Voraussetzung. Dieses könnte aber nützlich sein, da im gymnasialen Schulunterricht einige Weichen für grundphilosophische Spektren schon gestellt wurden...

Wie ist es mit dem Kommentieren der Problematik in den Medien?

Da in der Medienwirtschaft, die Auswahl der Themen und Präsentation jeglicher Problematik immer von den Interessen der gesellschaftlichen Gruppen und in den hier betrachteten Themen von den die philosophisch-theoretische Wissenschaft unterstützenden Lobbyisten gewissen Gruppierungen abhängt, ist es schwierig, viele frei und objektiv geschriebenen Inhalte zu finden. Ein gutgläubiger, da unerfahrener Leser, ist recht häufig kaum in der Lage beurteilen zu können, wohin er/sie geführt wird, und vor allem, ... weshalb...

Das ABC der Philosophie am Anfang hilft das Gesamtbild zu verstehen...

Die Ontologie als Grundphilosophie, waren dauernd auch Grund des Streites, welchen später nicht nur die politischen Systeme gegeneinander geführt haben... Die Philosophie als auch Religionen und, später die Erkenntnistheorien, haben immer um Gunst der Menschen der Menschen gekämpft... Sind philosophisch-religiösen oder auch wissenschaftlich-theoretischen Inhalte immer eine objektive Bildung oder auch gut versteckte und eigenem Zweck dienende Werbung? - Besonders kritisch versuche ich einige, beinahe gesetzlich geltende Erkenntnistheorien zu betrachten. Die uns bekannten Urknalltheorie, Zeit und Raum-Theorien, die Gravitationswellentheorie als auch Relativitätstheorie, werden hier etwas näher betrachtet. Und das alles, um eine wahre Essenz im... Geheimen zu finden...

EINFÜHRUNG IN DIE GRUNDPROBLEMATIK

Gibt es irgendwas wirklich Neues in der philosophischen Ontologie[1]? Die Frage ist berechtigt. Die Stagnationen des Ideenreichtums, bedeutungslose Erweiterungen[2], Neointerpretationen des schon Bekannten... - Denn außer einer innovativen Sprache, welche oft als toll empfunden wird und in der Unverständlichkeit des Textes, als „eine nur schwer begreifbare Genialität" bezeichnet wird, gibt es in ontologischer Literatur nichts weiter, was beeindrucken könnte...

Die Stagnation der Ideen bewirkt, dass die aktuell geltende daseinstheoretische Hauptproblematik aller philosophischen Grundrichtungen, als eher altmodisch beurteilt wird. – Deshalb stellt sich auch hier, die Frage: Sind Gott und die kosmische Substanz zwei unabhängig voneinander existierende Wirklichkeiten, oder bilden die ein strikt monistisches und schon immer existentes Dasein?

Ist es somit nicht zu vermuten, dass die wahre Natur Daseins weder rein idealistisch, noch schon bekannt-materialistisch[3] sein könnte?

*Mit einem begründeten **Ja** dazu, würde man fast alle inkonsequenten Lücken sowohl im Materialismus, als auch im Idealismus schließen können... Die Lücken alleine sind aber kein einziges Ziel der Vermutung. – Ein Grund der wahren Freude liegt schon in einer Vorstellung dieser zunehmend glaubhaften Möglichkeit... Da ein ideales, d. h. völlig substanzloses Dasein nicht existent sein kann, folge ich einer einzigen einnehmbaren Idee, nämlich: einer Existenz des substanziellen Denkens im Raum Universums, was eine Symbiose und zugleich eine monistische Einschmelzung aller bislang propagierten Ideen bedeuten würde... Obwohl diese Idee plausibel erscheint, findet sie immer die sog: „das will-ich-nicht-... Stimmen"...*

---

[1] *Grundphilosophie. Daseinstheorie.*

[2] *Z. B. Thomismus.*

[3] *Im Sinne des aktuell bekannten philosophischen Materialismus.*

Philosophie, Ontologie und die Erkenntnistheorien...

Philosophie und ihr Hauptkapitel Ontologie, sind intellektuelle Disziplinen, welche versuchen ein anschauliches Modell der existenten Wirklichkeit mithilfe des logischen Denkens, der empirischen Erfahrung und Intuition zu konstruieren. Die Intuition ist in der Philosophie ein anerkannter Faden der Erkenntnis. Und zwar Erkenntnis dessen, was die Wissenschaft erst mal noch nicht erkennen kann...

Die Resultate der Erkenntnis müssen selbstlos sein und keinen Interessen untergeordnet werden, da sonst darf man diese nur als eine Art: - Werbung betrachten...

Den Kern der Philosophie, bildet Ontologie, oder anders: Daseinstheorie. - Man betrachtet diese auch als die Grundphilosophie.
Gibt es hier noch Fragen? – Hmm... – Sehr viele... - Zum Beispiel:

- *Gott als Schöpfer des Universums?*
- *Ewiges Universum ohne Gott?*
- *Gott als Macht über dem Universum?*
- *Gott als integrierte Macht im ewigen Universum?*
- *Gibt es Beweise für Existenz des idealen Gottes?*
- *Ist der Urknall als eine Gottesschöpfung zu betrachten?*
- *Können alle Inhalte der Relativitätstheorie wahr sein?*
- *Kann die rein a-materielle[4] Darstellung Gottes, eine vorstellbare Existenzberechtigung haben, oder sollte man diese rein idealistische Vorstellung lieber heute als morgen korrigieren?*
- *Sind alle philosophische Erkenntnis-Theorien glaubwürdig?*
- *Ist die Erklärung der Selbstschöpfung dieser Welt und der relativistischen Funktionsgesetze des Raumes überzeugend?*
- *Was ist endlich die wahre ZEIT? – Was ist der wahre Zeitfluss?*
  Das und mehr im weiteren Verlauf des Buches...

---

[4] *Eine idealistische, = substanzlose „Existenz"...*

Entwicklung des philosophischen Denkens

Die ersten Philosophen - sind uns heute deshalb unbekannt, da sie weder lesen noch schreiben konnten... Ihre Gedanken wurden mündlich übertragen und dank der viel späteren, schriftlichen Dokumentationen dieser sog. Tradition, Jahrtausende überdauerten...

Die Schamanen der wie es damals hieß, primitiv lebenden Völker Tasmaniens, konnten noch in den verfilmten Chroniken der 1950-Jahre interessant schildern, wie die Welt aussieht und wo die Geister der Natur wohnen... Infolge der einst verständlich primitiven Betrachtung der Natur entstanden erst religiös animistische[5] Vorstellungen über die Welt der Geister... Geister welche in den Bäumen, Bergen und Felsen gewohnt haben sollen und weshalb man die niemals beleidigen darf. Die Geister könnten sehr böse werden und sich schrecklich rechen... Eine Intuition ließ glauben, dass Irgendwas Dominantes über uns und um uns herum existieren muss und agieren muss... Aber auch dass dieses Was, eine huldigende Unterwerfung der Menschen erwartet... Ein ähnliches glauben prägte die auch die rel. Praktiken in solaren, lunaren[6], in totemistischen,[7] polytheistischen und später monotheistischen Kultgemeinschaften...

Ein freies Glauben ohne Zwang der Unterordnung, dauerte nicht lange... Mit Entwicklung der Glaubensorganisationen als auch des erwirkten Kultstatus der religiösen Führer, erschienen rigoros überwachte Glaubensinhalte und Arten der Gotteswürdigung...

Die Ergebnisse historischer Entwicklung des Glaubens heute, sind: Glauben an Wahrhaftigkeit der sog. heiligen Schriften, an die Richtigkeit der Klerikal ausgeübten Praktiken, und Glauben an sichere Wirksamkeit der theatralen Liturgie in den sog. Gottesdiensten...

---

[5] Animismus: Glauben an die Geister in die Natur.

[6] Mond (Luna) in Babylonien und Sonne (Ägypten) als göttliche Kultobjekte.

[7] Kult des (Stamm ernährenden) Tieres. Z. B. des Büffels bei den Indianern.

Ein Erzwingen des Respektes hatte einst viele Gesichter…

Schon am Anfang der Menschengeschichte, erahnten die Tüchtigen, dass man die Furcht der Menschen vor den Göttern nutzen kann und daraus einen guten Profit machen kann… Es entwickelten sich Glaubensorganisationen, welche viel Macht und Reichtum erwirtschaftet haben… Man nennt sie heute: - Kirchen, Sekten oder Kommunen…

Ein ängstiger Respekt des Volkes, war und ist weiterhin für die Kirchen und Sekten, ein beruhigendes Zeichen der Unterwerfung.

War der Respekt kleiner als erwartet, übte man damals wie heute, wirksame Einschüchterungsmethoden… Einst brannten die Scheiterhaufen, **und heute** (im 21 Jahrhundert!), - exekutieren unsere Kirchen wohl **selbsterhaltend**, einschüchternde Exkommunizierungen…!

Die Hierarchien dieser Macht und deren Verwaltungsorganisationen des Glaubens, werden heute noch von vielen gläubigen Kirchensteuerzahlern als die vertrauenswürdigen „Himmelsfahrtversicherungen" für die Seelen der Menschen betrachtet… Hmmm…

Nach dem Motto: „**Man kann es nie wissen**", huldigt man ängstig jener Macht, welche vermutlich selbst (wenn man die Skandale der Kirchen genauer auswertet…) an die eigenen autoritär gepredigten Glaubensinhalte, im Thema:- Gott und Ethik, eher wenig Wert legt…

Diese auf den ersten Blick übertreibende Formulierung, ist nach einer überlegten Analyse des Geschehens, dauernd praktizierte Realität! - Würden die Menschen nicht an diese Vermittlung glauben, so würden die dafür nicht zahlen wollen, wobei auch hier ein Einfluss der Lobbyisten und Erwartung eigener Gruppe, eine Rolle spielen…

☼

Eine weltanschauliche Labilität, merkt man auch bei Studenten, was sich nach Abschluss der Universität auch nicht wesentlich ändert…

Elternhaus, Umgebung und Eigenwillen, sind für eine weltanschauliche, aber auch kulturelle Erziehung eines Menschen entscheidend.

Zurück zur Geschichte der „heiligen Erkenntnis"…

Die katholische Weltkirche des frühen Mittelalters, kam rücksichtslos zu Macht. Man krönte Könige, wie es hieß: im Namen Gottes, - de facto im Interesse der Kirche… Es folgte Dogmatisierung der philosophischen Doktrinen und Ausbau einer wirksamen Liturgie…

Die „Weisen" der katholischen Kirche übten am Anfang der „Konsolidierung" recht lange, eine glaubwürdig wirkende Zusammensetzung vieler „verbliebenen Schriften" um einige davon in den endgültigen Kanon der heiligen Evangelien zu bringen… Natürlich nicht ohne Streitigkeiten… Jeder von Abgesandten, wollte doch sein eitles Rechthaben durchsetzen… Kein Kontrahent wollte nachgeben…

*Die eitle Auseinandersetzung dauerte so lange, bis der mit dem langen Streit verärgerte **Kaiser Konstantin**[8] mit einem kräftigen Faustschlag auf den Tisch, die künftigen Inhalte besiegelt hat… - Basta!*

So geschah es. Man hat sich nach dem hoch-kaiserlichen Machtwort augenblicklich auf den Kanon der sog. heiligen Evangelien geeinigt.

*Und was geschah mit allen abgelehnten, da der katholischen Kirche unpassenden Evangelien, den sog. **Apokryphen**? - Diese hat Kirche in den geheimen Orten versreckt oder vernichtet. – Wieso tat man das?*

*Na, das Volk durfte doch auf keinen Fall erfahren, dass es **zwei Propheten namens Jesus gab**, **dass Jesus Geschwister und Kinder hatte**, oder dass uns irgendein Kaiser den Inhalt der heiligen Schriften diktiert hatte und eben **nicht der Heilige Geist**, wie die Kirche es dauernd behauptet…*

*Viele der neuzeitlich entdeckten Apokryphen, wie z.B. die Qumran-Schriften, kamen trotz der filmreifen Bemühungen der bezahlten Agenten, diese zu kaufen, unter den musealen Schutz der Wissenschaft. Jetzt kann man über die „ketzerischen" Inhalte viel erfahren. Wie viele Menschen haben darüber gelesen? Wie viele Buchautoren in Südamerika, **würden sich wagen** wahrhaftig darüber zu schreiben?*

---

[8] *Im Jahr 325 n. Chr.*

Mittelalter und Scholastik...

*Aristoteles, (384-322 v. Chr.) war der Erste, der in seiner Metaphysik eine göttliche Endursache (Causa Finalis) für die Existenz der Welt verantwortlich gemacht hatte. Aristoteles setzte einen idealen Weltschöpfer voraus. Die katholische Kirche übernahm diese These. Die Lehre von Aristoteles ist bis heute eine der Grundlehren im Unterricht an den theologischen Fakultäten... Nicht ohne Grund. Historisch betrachtet, ist Seine Genialität **keineswegs** wegzuradieren. Jahrhundertelang hatten die Menschen, ein theologisch-amtliches „es ist so", als ein überzeugendes „Argument" zu akzeptieren. Die Macht der Geistigen war indiskutabel und gefürchtet. Für Denker, welche für die Kirche gefährlich wurden, gab es Folter und Feuer...*

*Heute? - Wer **heute** aus der Kirche austritt, wird „**nur**" **exkommuniziert**.*

*Eine (nur) Exkommunizierung, war einst gleichbedeutend einem Todesurteil. - Nur dank der Bildung und Schärfung des Denkens als auch dank der immer häufiger mutig und schonungslos geschriebenen Geschichte dieser Institution, welche die Päpste und „Personal" sowohl historisch als auch zeitgenössisch, **im ungeschminkten Licht deren wahren Lebens zeigt**, kann man heute diese **klare Einschüchterung** als eine Art des Betriebsmanövers, in der existenziellen Verteidigung der wohl zunehmend schlecht laufenden Geschäfte betrachten...*

Die Bibel, als eine Welterklärung und Beweis der Weltschöpfung, hat schon im späten Mittelalter nicht jedem Mönch völlig gereicht... Das bedeutet noch lange nicht, dass derart skeptische Gedanken vieler Brüder im Geiste, öffentlich vorgetragen werden durften...

*Niemand wollte unbedingt auf dem Scheiterhaufen sein Leben lassen... Wurde eine Nachfrage nach Beweisen für Existenz Gottes etwa deshalb stärker? – Den weltbekannten Konstruktionsversuch wagte im 13 Jh. ein Mönch namens: - **Thomas von Aquin**...   - (Siehe S. 46)*

Die Suche nach philosophischen Gottes-Beweisen.

Die Inquisitoren der katholischen Kirche haben immer wieder bei Umsetzung der einzig wahren Gottesvorstellung und einer richtigen Interpretation der Bibel, bekannterweise „wirksam geholfen"...

Die Befürchtungen, ob die intellektuellen Darbietungen der Mönche einen zusammenstimmenden Einklang im Volk finden, gab es natürlich nicht. - Man profilierte sich vor allem... - unter sich...

Die „Causa Finalis" nachweisenden Konstrukte folgten lange ohne den Widerstand der Laien... Viel später kamen die neothomistischen Erweiterungen, welche die Existenz des Schöpfers noch besser beweisen sollten. - Leider mit unterschiedlich glaubhaften Resultaten, was sich naturgemäß auch sehr viel später begreifbar machte...

Die Ursachen der fehlenden „Fähigkeit des Begreifens", lagen einst **nicht nur** an einem mangelnden Bildungsstandard des Volkes...

Die Neothomisten von heute, haben ähnlich wie **die Urknallisten**, auch große Probleme in der schwierigen Aufgabe: „Das nicht Beweisbare zu beweisen"... Leider ist das Erreichen einer gewollten, da indirekt sehr lohnenden Überzeugung, bei vielen Menschen von heute immer schwieriger zu erreichen... - Tjaaa... – Bildung öffnet die Augen...

„Schuld daran" ist also eine Denkweise der kritisch schauenden Menschen. - Ein Problem der Philosophie? - Nicht nur. Auch eins der Politik, welche unsere Gehirne dauernd zu manipulieren versucht...

Hier heißen die bekannten „Argumente" nicht selten: Populistische Aberrationen, Diffamierung des Gegners oder einfache Intrigen...

Aber, wer das als „heute? - normal" empfindet, der ist in seiner wohl unbemerkt abgestumpften Empfindung sehr zufrieden... - Hmm...

Ich bin überzeugt, ich schreibe hier keine Unverständlichkeiten...

Da die Kämpfe um Richtigkeit der Religion, der Philosophie als auch um die Welt beschreibenden Theorien einst drastisch ausgetragen waren, ist kein Geheimnis. Und wie ist es mit der erkenntnis-theoretischen Wahrhaftigkeit heute? - Mehr dazu im Verlauf des Buches.

Katholischer Idealismus und seine Durchsetzungskraft...

Neben den indiskutablen Sinnlosigkeiten[9] erschienen im philosophischen Idealismus auch umfangreiche Werke, welche als klerikale Vision Gottes, einige Jahrhunderte verständlich unangefochten überdauerten[10] und werden erst zeitgenössisch kritisch diskutiert.

Dieses Überdauern verdankt die Kirche ihrer erzwungenen Loyalität in eigenen Mauern, einer gehemmten Entwicklung des objektiven Denkens und einer dem Volk diktierten „Kanzelbildung"...

Ein uneingeschränktes Recht auf Predigt und Exekution des vorgetragenen „Wissens" war einst nur den Klerikern erlaubt... Die exekutiven Exkommunizierungen werden noch heute vollstreckt, da in manchen Kreisen der gläubigen Gesellschaft **noch gefürchtet sind...** Sonst hätte man es (als nichts bringend) nicht mehr praktiziert...

Einschüchternde Manipulation? - Ja, - das müsste eigentlich durch Justiz als Nötigung, wenn nicht als Erpressung betrachtet werden... Da der Stadt auch von den Kirchen profitiert, werden solche Maßnahmen geduldet... - „Die Würde des Menschen ist unantastbar" ... Das steht im Grundgesetz... Es klingt schön und kostet auch nichts...

Philosophie, Religionen und die Praxis...

Philosophische Kritik, ist im Kern nichts anderes, als eine intellektuell-argumentative Auseinandersetzung über die Wahrhaftigkeit oder richtiger: über die mangelnde Wahrscheinlichkeit der unsere Wirklichkeit beschreibenden „amtlichen anerkannten" Theorien...

Was man konstatieren könnte, ist der Streit, welcher nicht ohne Grund läuft, nötig. Dazu gehören sowohl die aktuellen Inhalte der erkenntnistheoretischen Auseinandersetzungen, als auch die Verteidigung der Welt erklärenden Theorien. - Theorien, deren Bestätigung auch unter Einsatz von Sponsoren, kaum möglich sein wird...

---

[9] Z.B. Kirchliche Anerkennung des sog. Beweises für Gottesexistenz vom hl. Anselm.

[10] Z. B. Thomismus von Thomas von Aquin. (Sehr umstrittener A-Logismus)

Humanität der Geschäfte, oder nur Geschäfte?

Ob es human ist, eine arme Mutter abzulehnen, welche für sein Kind einen Kindergartenplatz sucht nur deshalb, weil sie, um mehr netto vom brutto zu haben, keine Kirchensteuer zahlen kann?...

Wen in den sog. „christlichen Parteien" kümmert das? - Wen in den sogenannten heiligen Kirchen kümmert das wirklich?

Den Bischof etwa, der sich im dicken Mercedes chauffieren lässt?

✿

*Christliches Glauben ist in Deutschland allgegenwertig, trotzdem verlieren die „amtlichen Kirchen" immer massiver ihre Mitglieder. Ein Verlassen der Kirche liegt aber nicht immer am Glaubensverlust... Übrigens: - **Man kann glauben an Gott auch ohne Kirchen...***

Gerade diese Überzeugung ist für die Existenz der Kirchen äußerst gefährlich... Man droht prompt mit Exkommunizierung! – Für viele von uns ein Grund zum Schmunzeln... – Leider nicht für alle...

Die Ursache des** Austretens aus kirchlicher Gemeinschaft, liegt vor allem in der negativen ethischen Beurteilung dieser hauptsächlich wirtschaftlich orientierten Institution... Menschen, welche Kirche verlassen haben sind der Überzeugung, dass Erhaltung der Macht mit Einschüchterungen und Strafe kaum gesichert werden können... Viele Menschen verlassen auch die amtlichen Kirchen, um in die Sekten einzutreten**. - Es ist eine Flucht vom Regen in die Traufe…

Eine unabhängig objektive religions-philosophische Aufklärung der Gesellschaft ist bei uns leider nur bedingt möglich...

Bedingt möglich, da in fast allen Aufsichtsräten der Medien sitzen neben der vielen Branchenvertreter, nun auch die Abgesandten von Organisationen des Glaubens, wie Lutheraner, Jesuiten, als auch vielleicht geheim getarnte Scientologen oder Opus Dei Vertreter (?) um über die „sensiblen Sendeinhalte" im eigenen Sinne versteht sich, mitentscheiden zu können. - Na ja... Ganz tragisch ist das nicht...

Trotzdem die Frage:

Ist demnach eine objektive Aufklärung der Gesellschaft in allen Fällen machbar? Aber der Staat kann das Problem nur mit symbiotischen Augen sehen. In der Zensur sieht man nicht immer Probleme. Man erlaubt den Einflussdrang und die partikularen Interessen... Und wo steht den der mündige Bürger? - Der steht in der Mitte des Geschehens und versteht davon wenig... Unser Bürger soll glauben, was man ihm sagt... - Mehr will man doch nicht...

Die offizielle Erklärung der Medien-Räte ist natürlich sehr schön:

„Wir handeln im Interesse aller Gruppen der Gesellschaft"...

Stillstand auch in der idealistischen Ontologie?

Was für eine Alternative bleibt einem theologischen Doktoranden, der intelligent genug ist, um die mühsam gelernten thomistischen Inhalte, letzten Endes doch als Fehlkonstruktionen einzustufen?

Thomismus bringt keine Beweise auf Existenz eines a-materiellen, also idealistisch interpretierten Gottes. - Der Neothomismus als ein Kontinuum, protzt kaum mit einem Prädikat „vielleicht wahrscheinlich," wie viele Menschen gern beurteilen würden. Das höhere Denken scheint trotzdem zu existieren. Allerdings in einer immanenten nicht entzifferbaren, energo-unbekannten Form Universums. (A.D)

☼

*Fortschritt in der Kirche? - Was bleibt einem theologischen Neu-Doktor sonst noch übrig, als schön weiter im Geiste der doktrinären Loyalität zu verbleiben, zu lehren und auch so zu publizieren. (was verständlich ist.) Ein visionär-revolutionäres Verhalten würde unweigerlich mit Amtsenthebung und Lehrverbot enden, was auch eklatante Fakten aus den neunziger Jahren, (**Konflikt Degenhardt – Drewermann**) bedauerlicherweise belegen können... Dagegen werden die schönen Weiterentwicklungen der glaubenskonformen Lektüre und die, den thomistisch-doktrinären Kern befestigenden Publikationen, sofort mit Amt und Würde belohnt... - Was natürlich erlaubt ist...*

Ist die philosophische Ontologie korrekturbedürftig?

Entwicklungsfähig sind noch die philosophischen Theorien, welche in einer glaubwürdigen Spekulativität verbleiben können. Die philosophische Erkenntnistheorie darf die glaubwürdigen Spekulationen in Form der Thesen oder Theorien Publizieren. Das ist auch der Sinn und die Freiheit dieser intellektuellen Disziplin. Die bislang propagierten Theorien Daseins, überzeugen leider nicht...

Manche erkenntnis-theoretischen Methoden werfen Fragen auf... Sucht man danach, was man finden will...? Nicht alles, was man in der Physik oder Chemie prophezeien kann, ist mit der gleichen Methode im Bereich der Welterklärungs-Theorien zu verwirklichen...

Philosophische Fragen, die erlaubt sein müssen...

Sollte man Gott außerhalb des Universums suchen, oder vielleicht innerhalb? Die Unendlichkeit Universums zwingt uns zu einer unausweichlichen Vermutung, dass es so was wie: „Außerhalb" nicht gibt[11], obwohl in dem Puncto bis heute noch eifrig diskutiert wird...

Kann eine idealistisch propagierte A-Materialität Daseins, (das seit Mittelalter geprägte Axiom), noch glaubwürdig verteidigt werden?

Aber nicht nur die Theologen „bilden" Axiome, welche man, wie es heißt, verinnerlichen soll... Auch die theoretische Wissenschaft kann diesem Vorwurf nicht entkommen... Die aktuell geltende Weltschöpfungs-Theorie wird angezweifelt. - Die Bildung des Menschen bewirkt leider unbequeme Fragen. - Gibt es überzeugende Antworten?

Was sagt dazu die Wissenschaft? - Hat diese etwa den Mut des Kopernikus? - Nicht ganz... Denn die wissenschaftliche Beschreibung der Urknalltheorie, bleibt stur bei Schöpfungsidee eines, Raum und Zeitbegrenzten Universums... Nicht ohne Grund. - Diese „begrenzte Vision" stärkt eine Annahme der externen Schöpfungsmacht...

---

[11] Vorausgesetzt: Unser Universum als Teil der Unendlichkeit betrachtet wird.

Religionen, Theorien, Interpretationen und wir, die Empfänger...

Gibt es das, was die idealistischen Thomisten als „außerhalb Universums" bezeichnen? - Die Bildung der Menschen von heute und die damit verstärkte Skepsis, erlauben auch unbequeme Fragen zu stellen. Die zu erwarteten Antworten sind nicht immer befriedigend...

Eine Anfechtung der im Mittelalter unantastbaren Dogmen, darf in Europa von heute frei geübt werden. Diese „Güte" bekamen wir nicht geschenkt. Dafür haben einst Menschen ihr Leben abgeben müssen...

Die kirchliche Einschüchterung, existiert noch heute, um die praktizierten Exkommunizierungen noch mal zu erwähnen... Aber das ist schon uns allen gnädiger, als ein Scheiterhaufen. Es ist beruhigend zu wissen, dass Klerus von heute, keine absolute Macht mehr hat...

Wir, die Laien...

Die Theorien Gottes und des Weltentstehens, beschäftigen nicht nur die Geistigen, sondern erfreulicherweise auch die sog. Laien...

Das heißt, Menschen, welche nach dem gängigen Verständnis dieses Wortes, „keine Ahnung vom diskutierten Problem oder keine Ahnung vom Sachwissen in der diskutierten Materie haben sollen."

Heute kann sich die Kirche nicht leisten diese Bedeutung offiziell zu verwenden. - Man erklärt diesen Begriff als: „Eine Bezeichnung, welche die nicht geistlichen Mitglieder der Kirche definiert"...

Nach der zeitgemäßen Uminterpretation dieses wichtigen Begriffes, beleidigt uns die Bezeichnung „Laie" wohl... nicht mehr sooo...

Wir sind jetzt also Individuen, welche als „die nicht geistlichen Mitglieder der Kirche", sogar recht haben eine eigene philosophische Ahnung haben, oder mutiger gesagt, eine durchaus andere Auffassung als Kirche haben können und diese auch behalten dürfen...

Man könnte im Zusammenhang sogar fragen dürfen: Haben die Theologen in der weltanschaulichen Materie mehr Ahnung, als die anderen Philosophen, Kosmologen oder Astronomen...?

Diese Frage ist unter den Kontrahenten strittig und bewirkt unterschied-lich glaubwürdige Antworten... - Aber sagen wir doch ehrlich: - wis-sen wir jetzt wirklich, wonach genau wir hier überhaupt fragen? Nach kirchlichen Dogmen oder unabhängigen Welt-Vorstellungen? In der klerikalen Welt, sind Interpretationen längst festgelegt. Diskussionen sind nicht gestattet. Wer von den Priestern zu Vieles infrage stellt, darf mit prüfendem Verhör rechnen. - Amtsenthebung nicht ausgeschlossen... Man verweist auf Pflicht des Gehorsams. Verständlich ist das schon. - Es geht auch hier... ums Überleben...

☼☼

Nicht allen Menschen wird bewusst, dass alleine im Christentum etwa 700 verschiedene Glaubensorganisationen gegeneinander heftig streiten...

☼

Wie man sieht, ist das Problem einer Beschreibung dessen, was die oben angefragte „Ahnung" bedeutet nicht immer leicht... Eine Ah-nung, ein Glauben und ein Wissen, sind verschiedene Begriffe...

Wie gewinnt man eine Ahnung? - Da im Studieren der philosophischen Idealisten und manchen theoretischen Physikern „die erworbene Ahnung"... noch mehr Ahnungslosigkeit erwirken kann, bleibt einem vernünftigen Menschen nichts anderes übrig, als im empfohlenen Labyrinth des theoretischen Wissens, ungewollt als Laie zu gelten... Da der Begriff „Laie mit Abitur", dem philosophischen Wissen eines Hochwürden in etwa gleicht, darf wohl viele zufrieden stellen... ☺

Der einzige philosophische **Höhenunterschied** zwischen den Hochwür-den und vielen von uns, den sog. „Otto Normalverbrauchern", be-wirkt ausschließlich eine Platzierungshöhe der Kirchenkanzel, von der man uns autoritär die Wege zum Himmel erklärt...

Diese Wege kann man aber in Deutschland ohne ein gültiges Ticket nicht betreten... Die Nächstenliebe ist gut, aber Geschäft ist Geschäft, nicht...? - Kurz: In diesem Ablasshandel der modernen Art gilt wohl: Ohne Kirchensteuer, trotz Ahnung - kein Visum in den Himmel...

EWIGER STREIT DER ERKENNTNISTHEORETIKER...

Entstehen die Resultate vieler Erkenntnistheorien völlig frei und unabhängig? Die klerikalen Erkenntnistheorien beschäftigen sich mit der Erforschungsproblematik einer Existenz des favorisierten objektiv-idealistischen Daseins und seiner Weltschöpfung... Die anschließenden Resultate dieser „Forschung" werden als geltend erklärt. Verinnerlichung und Weitergabe des Erforschten, ist für alle Diener und Funktionäre der Kirche eine absolute Pflicht. Die Dogmatisierung der Angstinhalte, bringt heute leider nur stagnierende Begeisterung. - Wurde das Fegefeuer deshalb „abgeschafft"?

Die Kirche verzichtete hier (dank Herrn Ratzinger) das erste Mal in der Geschichte, auf eine sehr wirksame Einschüchterung!

An den biblischen Kreationismus, glaubt heute kaum Jemand mehr. Den Beweis für Existenz Gottes aufgrund „der Vollkommenheit aller Dinge," (Thomas von Aquin) hat die Kirche schon selbst fallen lassen.

Eine Einsicht ..? - Ja, - aber erst, nachdem alle Argumente versagten!

Die Welt selbst soll als der Schöpfungsbeweis gelten. Laut Kreationisten konnte diese Welt doch nicht von alleine entstanden sein!

Die aktuelle These von Prof. Hawking, wonach das Universum spontan entstanden sein musste, provoziert leider eine Annahme seiner zeitlichen Ursprünglichkeit, was die Begrenztheit des Universums, als auch dessen zeitliches Ende, nolens volens mit-implizieren würde... Dieser Logik folgend, müsste man in seine These, ob man es jetzt will oder nicht, einen externen Schöpfer „miteinbauen", was die Inkonsequenz Hawkins Formulierung veranschaulichen würde...

Laut vieler sachlichen Kontrahenten, konnte Universum keinen Anfang gehabt haben. - Somit wäre auch die bekannte Frage der Idealisten: "Ob es überhaupt schon Irgendwas existent gewesen sein müsste, bevor Universum entstanden ist?" gegenstandslos... - Soll diese Frage noch das zu retten versuchen, was heute zunehmend fraglich erscheint?

Eine Annahme des dauernd forcierten Weltanfangs, führt zu einer Schöpfungs-Ursache auch dann, wenn man den Schöpfer nicht erwähnt...

Auch der einst mit der Kirche befreundete Prof. Hawking, hatte verständliche Schwierigkeiten seinen bislang geübten Idealismus allzu rapide zu verlassen... Er tat es endlich doch... Die Hasstiraden gab es sofort und zwar nicht nur in dem einst zu Recht geschlossenen extrem intoleranten Portal „Kreuz.net"! Wie man hier sehen konnte, gibt es leider auch bei uns eine starrsinnige religiöse Intoleranz...

Hawkings Big-Bang, Raumanfang, Beginn der Zeit, Universum in der Nussschale, als die diskutablen Theorien? – Ja, so ist es.

Ein spontanes Entstehen des Hawkings Universums? - Kein idealer Schöpfer mehr? - Nicht mal pantheistische Gedanken? Eine Wende? Eine späte, leider unverständlich erklärte Wende des Professors...

Denn Sein Satz: „Da es vor dem Urknall nichts gab, konnte es auch Gott nicht geben", ein a-logisches Resonieren ist, da hier eine völlig fragliche Annahme, als die wahrhaftige Prämisse betrachtet wird... Schon die abiturreifen Analytiker der aktuellen Epistemologie[12] registrieren laufend Widersprüche in dieser Problematik. Man gewinnt den Eindruck, dass Einiges von dem, was man aktuell lesen kann, nach dem Prinzip „Hauptsache veröffentlicht" erschienen ist...

Nur im philosophischen Bereich, sind derart Publikationen noch erlaubt und geduldet... Eine Intention der Philosophie, und philosophischer Epistemologie, (welche den theoretischen Wissenschaften nicht sehr weit entfernt zu sein scheint), ist Thesen zu verfassen, welche sich künftig als wahre Bilder der Wirklichkeit behaupten könnten...

In den weltgenetischen Theorien, und Funktionstheorien, übt man die Verteidigung des so gut wie Verlorenen, was einige der hier vorgestellten Beispiele zeigen werden. Will man auch die „Gegen-den-Strom-Entdeckungen", nicht unbedingt im Zusammenhang sehen?

---

[12] *Erkenntnistheorien*

Die philosophische Ontologie und Epistemologie, ist von ähnlichen Rechtfertigungen befreit, da hier die meisten Thesen keinen begründungspflichtigen, da nur intuitiven Inhalt haben können...

Die aktuelle wissenschaftliche Kosmogenese basiert z.B. auf einer Überzeugung, dass unser am Anfang der Zeit entstandene Raum (unter Vorbehalt der Diskussionswürdigkeit dieser Theorie) fortlaufend seine Dehnung fortsetzt. Und zwar im „Keinem-Raum"13, oder anders: in einer völlig frei angenommenen Raumlosigkeit... Aber gerade diese axiomatische These: „Raum des Universums expandiert in alle Richtungen der Raumlosigkeit", bewirkt erhebliche Zweifel an ihrer Glaubwürdigkeit. Denn die absolut leeren Räume, sind nur idealistisch konstruierte Träume... Diese Träume wurden aber zu sturen „Argumenten" in der problematischen, da eher religiösen Vision einer Weltschöpfung aus dem Nichts. Einschreiten der theoretischen Wissenschaften in die Szene, macht die Sache nicht leichter, und zwar nicht für die Religion sondern für die Wissenschaft selbst...

Da dieses „Nichts" einer der Hauptpfeile im Hause der idealistischen Philosophie ist, werde ich es in diesem Buch unbedingt kritisch diskutieren müssen. De facto, konnten auch die anderen gewaltigen Ereignisse im Raum vieler Welten, die Raumverschiebungen welche wir „Welt-Expansion" nennen, verursachen. Der theoretische Unterricht, unter Annahme einer Raumlosigkeit ist ein blanker Unsinn... Man will von dieser Vision nicht abrücken, obwohl dieser axiomatische Unsinn, längst nicht mehr zeitgemäß ist...Auch die noch dauernd gestellte Frage: Was gab es vor dem Universum? - bringt den Sachverstand auf den eher fraglichen, um nicht u sagen ärgerlichen Punkt... - Die Frage suggeriert, dass es noch bevor die Welt geschöpft wurde, absolut nichts „existierte"... Hmmm...

Laut **Kreationisten** , ist diese Diskussion völlig unnötig. Denn: „Es war erst mal nichts da! Das steht doch klar in der Bibel." - Na also... ☺

―――――――――――――――――

13 *Mein Begriff „Kein-Raum" ist ein Neologismus ohne Substrat. - Hier: Leere.*

Trotzdem: - unabhängig von biblischen Sagen und mit Gefühlen an-gefärbten Geschichten, hat die Bibel für Historiker, Kunsthistoriker als auch Religionswissenschaftler einen unschätzbaren Wert.

Weltschöpfung in 7 Tagen aus dem Nichts? - Na jaaa... Man muss sich vor Augen halten, dass unser Alte Testament in ganz anderen Zeiten zusammengesetzt wurde, womit auch die einstige Vorstellung der Macht Gottes, verständnisvoll betrachtet werden müsste...

Die wahre „Unruhe" beginnt erst mit der Ära: JESUS... Die Wahr-heiten? - Man staunt, wie die Kirche versuchte die Evangelien pas-send zu gestalten... - Mehr dazu im weiteren Verlauf des Buches.

Wenn man schon für Verständnis der schriftlichen Inhalte vieler alt-testamentarischen Historiker und Philosophen wirbt, muss man fragen, wie sehen denn die Bilder der Wirklichkeit heute? Sind die theoretischen Wissenschaftler mit eigenen Indizien für die Gottes Schöpfung[14] aus dem Nichts, selbst kreativ geworden? Denn der er-kenntnistheoretische Idealismus, ist in Aussagen mancher theoreti-schen Wissenschaftler von heute, ganz klar zu erkennen...

Quantentheorie? - Die hat gute Zukunft. - Voraussetzung: als unverheiratet...
Die Überzeugung, dass die Relativitätstheorie, Urknalltheorie und die Quantentheorie unbedingt in einer gemeinsamen Weltformel münden müssten, verzögert vermutlich die spätere Enttäuschung...

Im philosophischen Bereich der „gesamtkosmologisch angewandten Wissenschaft" sieht man klare agnostische[15] Grenzen. Im Lebensna-hen Raum sind schon einige aus der Quantentheorie resultierenden Anwendungen da. Die weiteren Entdeckungen hier, sind noch zu er-warten. Die Resultate der erst mall reinen Theorie, haben sich hier in der praktischen Anwendung mehrmals bestätigt, was sehr freut. Könnte man das auch von Urknall, oder Relativitätstheorie sagen?

---

[14] Urknall...

[15] Grenzen, wo die Möglichkeiten der Wissenschaft erschöpft sein werden.

Sind alle aktuellen Erkenntnisthesen widerspruchsfest?

Annahmen, Behauptungen, spätere Revisionen der vorgetragenen Theorien, dem eigenen Recht angepasste Interpretationen, Inkonsequenzen, „Modernisierungen", Wiedersprüche... Hmmm...

Das Alles finden Sie mit Nachdruck kommentiert in diesem Buch...

Ein Autofahrer welcher auf der Lichtstrahl-Autobahn 200 km/h in gleiche Zielrichtung fährt, überschreitet die Lichtgeschwindigkeit nicht, und wieso nicht? - die Relativitätstheorie erlaubt es nicht...

*Ein Magnetfeld um den Leiter, in dem die Elektronen sich fortbewegen, wird **laut einem habilitierten Hirn...** - aus dem Nichts erzeugt! Und die Welt im Urknall? – Na, wenn man so will, auch aus dem Nichts...*

*Wieso erzählt uns **ein Wissenschaftler** derart bibelreife Geschichten?*

*Hmm... da die Spekulationen **nicht nur** der Philosophie erlaubt sind?*

Wir bilden uns und lesen gern das Neuste. Das Unerklärliche ist immer ein interessantes Mysterium... Die Menschen lieben Mysterien und glauben an Geheimnisse... – Eine mysteriöse Thematik wird gerne geschrieben, medial verbreitet, gekauft und gelesen...

Gibt auch verwirrende Mysterien z. B. in der theoretischen Wissenschaften...?

*Myonen, welche die Zeit dilatieren können, und die Neutrinos, die das Gleiche nicht dürfen, ebenso wie die Theorie der Tachyonen, welche überlicht-schnell eigene Umkehr der Zeit bewirken sollen? Einfach sagenhaft! - Nicht nur Philosophen, aber auch Kosmologen, Astrophysiker und die theoretischen Physiker unterliegen scheinbar einer Versuchung, mit mysteriösen Funktionen dieser Welt, die aktuellen Haupttheorien unterhaltsam zu gestalten... Ist das schlecht? Schlecht? - Ach was... Denn irgendwann, nach den neuen Entdeckungen, welche die noch geltenden Urknall und Relativitätstheorie zum Gehen zwingen, wird man vom: **neuen Erfolg** sprechen, welcher **ohne die alten Visionen,** - überhaupt nicht möglich gewesen wäre!*

PHILOSOPHISCHE GRUNDRICHTUNGEN *(kompakte Vorstellung)*

Monistische[16] Daseinstheorien. - Gott oder Materie, - Beides in Einem?

Nach einem **monistischen Auswahlkriterium,** darf es nur **ein** philosophisches Dasein geben, welches die wahre philosophische Wirklichkeit bildet und je nach phil. Grundrichtung entweder als **Gott** oder als **Materie** bezeichnet wird. Alle anderen Sichtweisen Daseins, sind **dualistisch, pantheistisch oder theo-universalistisch,** wobei nur Dualismus und Pantheismus hier als „Nicht-Monismen" bezeichnet werden können. Die bislang monistisch orientierten Theorien sind demnach entweder rein materialistisch, oder rein idealistisch. Den monistischen Standpunkt repräsentiert sowohl der aktuelle objektive Idealismus als auch der klassisch geistlose philosophische Materialismus.

Alle beiden monistischen Systeme gehen davon aus, dass unser Universum entweder von einer höheren idealen Gotteskraft aus dem Nichts geschöpft wurde, (Idealismus) oder existiert schon ewig und brauchte demnach (phil. Materialismus) nicht zu entstehen...

Gibt es eine vierte philosophische Möglichkeit? Ja diese gibt es...

Obwohl Monismus als auch Dualismus das kategorisch bestreiten, spricht die Logik nicht dagegen sich solch eine Möglichkeit vorzustellen. - Eine These, welche die Materie und den *(hier substanziellen)* Geist vereint. Skeptische Reaktionen sind zu erwarten. Mögliche Begründung? – längst bekannt: **„Davon haben wir noch niee was gehört".**

Die im weiteren Text vorgestellten theo-universalen Thesen, brechen sowohl mit dem a-materiellen Geist der Idealisten, als auch mit gottloser Materie der phil. Materialisten. *Man braucht dringend was Neues.* Das Motto wird hier heißen: Gott ist Materie und Materie ist Gott... Das ich damit erst ein dickes Eis brechen muss, ist mir gut bewusst...

---

[16] *Klassische Monismen betrachten die existente Wirklichkeit aus einem einzigen (monistischen) Beurteilungskriterium: - entweder dem Geist oder der Materie.*

PHILOSOPHISCHER MATERIALISMUS

Der philosophische Materialismus ist einer der monistischen Grundrichtungen der phil. Ontologie. Die existente Materie wird hier als die einzige (Monos) philosophische Wirklichkeit bezeichnet. Der philosophische Materialismus philosophische Theorie der existenten Wirklichkeit, kämpft argumentativ gegen zwei Gegner: den philosophisch-monistischen Idealismus und den philosophischen Dualismus. Unser monistisches Theo-Universalismus kommt gerade dazu. Als ein einziges philosophisches Dasein, wird hier das materielle Dasein (Universum) betrachtet und verkürzt als Materie bezeichnet.

Bedeutung der anderen Theorien? - Der philosophische Materialismus betrachtet sonstige Theorien ohnehin als rein spekulative Theorien, welche keiner Prüfung standhalten können. Der Geist über der Natur im idealistischen Thomismus wird indiskutabel abgelehnt. - Die angegriffenen Gegner stellen sich natürlich dem philosophisch-erkenntnistheoretischen Duell... - Gibt es hier Gewinner?

Mechanischer Materialismus des 19 Jahrhunderts.

Dieser entstand in der Mitte des neunzehnten Jahrhunderts als eine wissenschaftliche Antwort auf die objektiv-idealistischen Tendenzen bei Philosophen: Kant, Fichte und Hegel. - Die Weltmechanismen folgen laut „Mechanikern", den mechanischen Gesetzen der Physik und deshalb auch gut funktionieren... Man zitierte den Demokrit, Newton, Keppler und Kopernikus, um eigene Argumente zu festigen. Der mechanische Materialismus war eine Welterklärung im Geiste des neunzehnten Jahrhunderts... - Heute ist er Geschichte...

*Die Kritik von **F. Engels,** der die mechanistisch-materialistischen Versuche als vulgär bezeichnet hat, zeigt nur seine Plumpheit. Der spätere dialektische Materialismus, bei dessen Konstruktion Engels mitwirkte, ist in einigen Subtheorien auch einfach. Seine Schriften wurden ebenfalls, zu ideologisch dosiertem Opium für östliche Völker.... In seinen Textinhalten kann trotzdem nicht alles falsch sein...*

DIALEKTISCHER MATERIALISMUS

Seinem Meister, dem Idealisten F. Hegel zum Trotz, konstruierte Karl Marx (1818-1883) seine philosophische Weltanschauung:

Den, wie es hieß, dialektischen (anpassungsfähigen) Materialismus.

Sicht der Materie.

Die Wirklichkeit bildet nur Materie, in der es keinen Platz für einen Gott, Geist oder Seelen gibt. Materie ist ein einziges Dasein, ohne Ursprung. Materie konnte keinen zeitlichen Anfang haben und wird auch kein zeitliches Ende haben. Materie ist dauernd in Bewegung. Materie ist untrennbar von Zeit und Raum. Materie existiert ewig, ist als grenzenlos, ist unzerstörbar und evolutionsfähig...

Die Existenz der materiellen Wirklichkeit, ist hier im Gegensatz zu der Existenz des idealistisch formulierten Daseins, nicht dringend beweisbedürftig. Universum ist in seiner Existenzobjektivität klar sichtbar und zum Teil analysierbar. Es steht quasi den wissenschaftlichen Experimenten zur freien Verfügung. Da die Materie im philosophischen Materialismus als einziges Dasein definiert wird, werden die idealistischen und dualistischen Daseinstheorien als pseudowissenschaftliche Phantasmagorien bezeichnet und abgelehnt...

Materialistische Dialektik.

Mit diesem Begriff, welcher eine mögliche Wandelbarkeit der eigenen Thesen in Abhängigkeit von wissenschaftlicher Entwicklung bedeutet, versucht der dialektische Materialismus, dauernd aktuell zu sein... Korrekturen eigener Theorie wurden zum normalen dialektischen Vorgang erklärt. (Was nicht schlecht sein muss... (A.D).

„Die Geschichte bringt einige Beispiele, welche uns überzeugen, dass Idealismus der die Welt erklärenden Theorien, dauernd mit Gegenargumenten der objektiven Wissenschaftler konfrontiert sein muss.

„Auf der Ebene der einfach denkenden Menschen, gewinnt immer die weltanschauliche Starrheit dessen, was man schon lange weiß"...

Materie, als die einzige und ewig existente monistische Wirklichkeit, konnte keinen Anfang gehabt haben und existiert nicht als die gewollt favorisierte Schöpfung, welche es gar nicht geben musste...

Der idealistische Thomismus gehört laut vielen materialistischen Denkern eigentlich zum Dualismus. Es gibt Gott, die Materie und die fragliche Ursprünglichkeit einer der beiden Mächte, was auch als inkonsequenter Semidualismus bezeichnet werden kann...

Ein theoretisches Blabla? – Keineswegs... Universum scheint ewig zu existieren und allem Gewollten zum Trotz, unendlich zu sein. (A.D)

Betreibe ich hier etwa den pseudoideologischen Formalismus?

Dieser intrigante Vorwurf füllte einst eine Lücke im praktizierten Ausspielen der einst auch untereinander konkurrierenden Ideologen im Osten. - Der philosophische Materialismus war im kommunistisch marxistischen System, die führende Teildoktrin gewesen.

Die Spezialisten der vom „Opium befreienden Dialektik", standen als die Gestalter des Menschlichen Geistes, ganz oben auf der Wunschparteiliste der führenden Kader... Aber auch unter den marxistischen Philosophen gab es Konkurrenz und harte Kämpfe...

Ein der bewehrten Konkurrenz-Vorwürfe lautete einst:

„Genossen, der Mann betreibt nur einen pseudowissenschaftlichen Formalismus"... Da die (nicht ganz selten) grundschulreifen Entscheidungsträger der Parteiexekutiven keine blasse Ahnung darüber hatten, was ein philosophischer Formalismus bedeuten könnte, (einen **Schwarzhandel mit Formalin** in den dunklen Bierflaschen etwa?), wurde „so ein Formalist" recht schnell auf Dauer abgestempelt und musste seine wissenschaftliche Karriere schnell beenden...

In diesem vergangenen System, wurden die Wissenschaftler nicht selten von **abitur-freien** Parteifunktionären eingesetzt und abgesetzt. Würde denn so was bei uns heute denkbar sein? – Hmm...

„Hier im Westen, verdient man eigene Position **nur** mit dem Wissen und Können"... – Emm... - Wo habe ich denn das wieder gelesen...?

Materialismus und Pantheismus:

Auch der unserem Thomismus und dem philosophischen Dualismus verwandte Pantheismus, war dialektischem Materialismus fremd und konnte nur abgelehnt werden... Man wollte „um den pantheistischen Unsinn herum nicht unbedingt viel diskutieren". Ähnliche Betrachtung betraf auch die deistischen[17] Theorien, welche heute noch in geheimen Kreisen im Kerzenlicht diskutiert werden...

Die System-Theoretiker, Karl Marx, Friedrich Engels, Lenin, und die damals sog. Papageien, haben alle vom dialektischen Materialismus abgelehnten Theorien als: „Im höchsten Masse spekulativ, pseudowissenschaftlich und ideologisch gefährlich" beurteilt, oft ohne jegliche Ahnung darüber, was man denn so eigentlich abgelehnt hatte...

***Marx und sein Kapital**? - Die einst der Festigung **der Macht** angepasster Auslegung, visionierten die „Neomarxisten" dem Volk ebenfalls die blühenden Landschaften... - Nichts davon ist wahr geworden...*

***Marxistische Philosophie**? - Der aktuelle Begriff: „Wissenschaftliche Weltanschauung", klingt besser und verzichtet auf die ideologischen Beimischungen. Diese Weltanschauung beinhaltet im Grunde fast alle Hauptideen des (kaum bei uns bekanntem) phil. Materialismus.*

Raum und Zeit...

Raum ist ein Begriff, welcher ausschließlich im Zusammenhang mit Materie sinnvoll verwendet werden kann. Raum ohne Materie ist ebenso eine Illusion wie eine Materie ohne Raum. Diese Auffassung ist durchaus sinnvoll. Ebenso die Überzeugung, dass Zeit unabdingbar mit Bewegung der Materie zusammenhängt, ist unbestritten...

Die Materie funktionierte in materialistischer Beschreibung in Zeit und Raum... Die Zeit war ein Attribut der Materie... - Aber...

---

[17] *GOTT ist hier nur ein Schöpfer. Kein weltüberwachender thomistischer "Papa". Diese These diskutierten einst Mitglieder der ILLUMINATEN.*

Wie dieses Attribut zu verstehen sein soll? Dazu schrieb man leider nichts Genaueres... Man muss trotzdem zugeben, dass nicht alle materialistischen Ideen können heute pauschal abgelehnt werden...

Wie man es hier entnehmen kann, waren die philosophischen Materialisten einer sinnvollen Beschreibung der Zeit sehr nah gewesen... Richtiger wäre es die Zeit als umgesetzte Energiemenge des lokalen Raumes[18] zu sehen. - Für diese Idee war es scheinbar noch zu früh... Auch für Prof. Minkowski und ihm doch gefolgten Einstein, war es wohl zu früh ein Wesen des Problems „Zeit", annehmbar zu erklären.

Philosophisch-Historischer Materialismus weiter:

Der Mensch ist ein Produkt der evolutionären Entwicklung der Materie. Er sei ein Wesen, welches sich von der spekulativen kapitalistischen Demagogie nicht beeinflussen lässt. - Der Mensch will frei denken und handeln können und das kann er nur im Sozialismus...

Jede Religion ist laut Marx ein Opium für das Volk... Religion dient lediglich einer Unterwerfung des Volkes der kirchlichen Macht...

Menschliches Denken:

Ein Denken des Menschen, bewirken materielle Interaktionen innerhalb „einer komplizierten Materie des menschlichen Gehirns". Kein Denken ist ohne komplizierten Eiweißstrukturen möglich...

Eine idealistische These, welche ein Denken außerhalb des materiellen Hirns zulässt, wird als absolut spekulativ abgelehnt...

Materialistische Epistemologie

Die Erkenntnistheoretiker der Nachkriegszeit (nach 1945) wirkten absolut selbstsicher... Diese Zuversicht war mit einer Hoffnung eines Träumers vergleichbar. Die dialektische Erkenntnistheorie lief nach dem Motto: „Nichts ist für die Wissenschaft unmöglich". Hmm... Man soll diese traumhaft-gnostische Einstellung nicht unbedingt tadeln... Die optimistische Latte stellte man sich bewusst zu hoch...

---

[18] *Definition des Buchautors.*

„Die materialistisch orientierte Wissenschaft wird es sicher schaffen zu beweisen, dass nur die unendliche Materie, hinter welcher Gott keinen Platz hat, als einziges Dasein existiert und auch so betrachtet werden muss". - Nicht nur Marx, sondern **vor allem die Kontinuatoren** seiner Theorien, übertrafen sich einst mit atheistischen Floskeln...

Die gesuchte Grundfrage der Philosophie soll entziffert und beantwortet sein. – Punkt... Bedenken, was Theorie betrifft, gab es in den Reihen der Theoretiker nicht... Laut den dialektischen Materialisten, gibt es keinen Geist innerhalb und außerhalb der Materie.

Laut phil. Materialismus gibt es nur ein **geistloses Universum**. Dieses ist als ein einziges objektiv existentes Dasein zu bezeichnen. Das idealistisch theoretisierte Dasein kann nicht existent sein...

Glauben an dieses Dasein ist ein Opium für das Volk, da dieses **Opium** jegliche Unzufriedenheiten des Volkes vergebend mindert und es (da Macht und Moral vom Gott kommt) dauernd wirksam beruhigt...

Die Gesamtwirklichkeit ist nur materiell und existiert objektiv, unabhängig von unserem Willen oder Bewusstsein. Die rasch fortschreitende Wissenschaft wird im Laufe der Entwicklung alle Beweise auf Ewigkeit und Unbegrenztheit der Materie sicher liefern. Diese Zukunftsvision konnte man bisher nicht realisieren....

Die Ewigkeit und Unbegrenztheit des materiellen Daseins (Universums) war trotzdem im Volk unumstritten! – Die Urknalltheorie war schon bekannt und wirkte nicht zuletzt dank der Kirchenkanzel. Die Entwicklung der positiven Wissenschaften[19] wird die bestätigenden Beweise auf nüchterne Inhalte des fortschreitenden Wissens bringen. Im Gegensatz zum spekulativ-theologischen Thomismus ist der philosophische Materialismus keine Phantasmagorie, sondern ein „solides Gebilde". - So klangen die meisten Axiome dieser Zeit... Klingen die meisten **Selbstbeurteilungen bei uns**, etwa anders...?

---

[19] Mathematik, Astronomie, Physik, Chemie usw.

Die materialistischen Theoretiker einst haben behauptet, dass die Kritik der wissenschaftlichen Epistemologie vorwiegend idealistisch geprägt sei... Die idealistischen Theoretiker wiederum, behaupteten, nur eine objektive Kritik zu üben, mit einem Ziel: bei den unsicheren Menschen die Hirnwäsche „unbedingt verhindern zu müssen".

Ging es im einstigen (und im aktuellen) Streit um eine überzeugende Denkweise oder auch um politisch gewünschte Weltanschauung?

Am schärfsten wurden einst die *subjektiven Idealisten* kritisiert. Für die Theoretiker dieser „Erkenntnis-Theorie, ist die Wirklichkeit nur das, was unser Bewusstsein als Vorstellung in sich produziert...

Ein gewisser Wladimir Iljitsch Ulianow, ließ die Subjektiven Idealisten eine Weinflasche nur mit Vorstellung eines Korkens schließen, was nicht gelang... Trotz Stärke des Willens und des Selbstbewusstseins aller anwesenden Zauberer, blieb die Weinflasche offen...

Die subjektiv-idealistischen Darbietungen laufen heute noch. Ein Boom ähnlicher Theorien ist kaum zu rechtfertigen, gilt trotzdem *als die aktuelle Mode...* - Und „Mode" ist doch für Viele ein ... Zauberwort...

Der wissenschaftliche Materialismus heute...

Viele Menschen gefragt nach deren Weltanschauung, nennen entweder philosophisch katholische, evangelische oder eine andere religiös-theistische Weltanschauung. - Eine atheistische, wird selten genannt, da es in vielen Ohren schlecht klingt... Da die philosophisch-materialistische Weltvorstellung auch eher schlecht klingt, bezeichnet man heute eigene moderne Sicht der Welt, als eine *„philosophisch wissenschaftliche Weltanschauung"*, was wahrlich schöner klingt, aber im Grunde das Gleiche: - materialistische Ansicht bedeutet.

Ist das schlecht? - Nach einer *wesentlichen Korrektur* völlig richtig! (s. weiter) Die sachlichen Wissenschaftler arbeiten hier nach dem Gesetz: Man glaubt nur daran, was einer Verifikation standhalten kann, was ohne Zweifel in Biologie, Chemie, oder Physik richtig ist... Aber... Wie ist es damit in allen, Universum betreffenden Theorien?

DER PHILOSOPHISCHE OBJEKTIVE IDEALISMUS

Der philosophisch-objektive Idealismus beschäftigt sich in seiner ontologischen[20] Ausführung, mit einem ideal-göttlichen Dasein, welcher die Welt aus dem Nichts geschöpft haben soll... Die anderen Interpretationen lauten: - Mit einem emanativen Hauch Gottes...

Laut der Theorie, existiert das ideale Dasein absolut objektiv. Unser Wille, suggestives Vermögen oder auch Kraft unseres Bewusstseins, haben keinen Einfluss auf Existenz der schöpferischen Macht. Den biblischen Namen Gottes (Jahweh) nennt man nur ungern, da die alten Zaubertheorien es verbieten... Die phil. Idealisten beschreiben den Schöpfer als *„eine nicht materielle Idea"* welche doch in der Lage war, unser materielles Universum *aus einem Nichts* zu schöpfen...

Auf dieses „Aus dem Nichts" hat man bis heute nicht verzichtet... Die Analyse der göttlichen Idea, ist hier als eine „objektive Analyse" einer philosophisch gewollten Vision des Schöpfers zu interpretieren... Der Geist schwebt über der Materie. Diese Transzendenz wandelt (wenn nötig) auch in die göttliche Immanenz. Der immanente Geist durchsickert die Materie... - So manche Theisten... (Theologen)

Man merkt in Diskussionsansätzen auch pantheistische Gedanken... *Die Deisten* sehen keine besondere Sorgfaltspflicht Gottes. Der Mensch ist (oder wurde) laut deistischer Ansichten, sich selbst überlassen... Auf dem Boden dieser und der verwandten Ideologien, entstanden der Religion verwandte Strukturen, welche Schicksal der Welt ausschließlich dem Menschen übergeben... Die Freimauer, Illuminaten und andere Abzweigungen des Deismus, sind bekannte Beispiele...

Das Thema: Gott der Philosophie, beschäftigte einst nur die sog. Mächtigen in Schriften. Da im Mittelalter und später, nicht mal die Adeligen die Bibel lesen konnten, erzählte und kommentierte man die geschriebenen „Diktate des hl. Geistes", von der Kirchenkanzel.

---

[20] = daseinstheoretische Ausführung,

Welt-Theorien, Religionen und die wahre Praxis...

Christliche Religionen und das wahre ungeschminkte Leben vieler Gottesdiener, bewirkt Fragen: glauben die wirklich daran was sie predigen? Oder, weil Gottesbeweise nichts beweisen? Die sind einfach nur falsch konstruiert. Langweilige Liturgie der Gottesdienste? Versucht man sich deshalb das Leben hinter heiligen Mauern so gut wie nur möglich reizvoll zu gestalten...?? - Hmmm... - vielleicht...

Exorzismus? - Der Hauptexorzist Vatikans behauptete nach der aktuellen „Flut der Schande", dass sogar viele Würdenträger der Kirche scheinen nicht an Gott zu glauben! - Deshalb auch bieten sie eigene Seele dem Teufel an! - Man soll schnell das Böse aus den Körpern mancher Hochwürden auch im Vatikan, schleunigst rausjagen! Diese eigentlich kaum überraschenden Worte, sind nach den wiederholten sexuellen Übergriffen in der kath. Kirche, aus dem Mund des Vatikans Chefexorzisten Prälat Gabriel Amorth laut gefallen...

Interessant: - Viele von Verteidigern der Kirchenwürde, haben gern eine Standard Rechtfertigung übernommen, welche uns Laien überzeugen soll, dass die vermeintlichen klerikalen Täter, soo eigentlich nur Opfer der Einflussnahme Satans sind! – Man wusste, dass derart „Erklärung" auf viele Menschen noch wirkt...

Ohne Einfluss Satans würde „so was" in der Kirche niemals geschehen können... Ganz dreist drehte man anschließend die sprichwörtliche Katze um ihr Schwanz herum: - „Nicht nur Priester, - aber auch die Kinder hat der SATAN mithilfe der ihm dienlichen Priester missbraucht". – Predigten die amtlichen Verteidiger der Kirchenwürde... Die Kirche darf somit „keine Verantwortung dafür tragen". Hmm...

Scherz-Kommentar: - Man könnte demnach fast „verdächtigen", dass der Gott in seiner schöpferischen Überforderung, kaum auf die Gedanken kommen konnte, dass der freie Wille, welchen er dem Menschen einst gegeben haben soll, gerade der Satan künftig massenhaft ausnutzen wird, um seine Perversionen zu verwirklichen...

Ein Fehler Gottes?...

Das Thema „Satans und seine Macht" rechtfertigt nicht die theoretische Ohnmacht des idealistischen Daseins, sondern vielmehr verweist auf die Lücken in der **nicht ganz zu Ende überdachten Theologie**...

Rechtfertigt das die Zustände in der katholischen Kirche? – Eher erleichtert... Um die Menschen von der Existenz Satans zu überzeugen, betreibt die Kirche heute noch die vom Satan befreienden Austreibungen... Nicht selten lebensbedrohlich. – Und trotzdem straffrei... Unter Duldung der Justiz, was nur eine Mitverantwortung, oder sogar Mitschuld für die schon dabei registrierten Todesfälle bedeuten kann, praktiziert man die Teufelsaustreibung weiter... - Kann man es verbieten? „Es fehlt dafür eine gesetzliche Grundlage"... heißt es... Eine gesetzliche Grundlage fehlt auch aktuell für die in Südafrika, um ihr Unwesen betreibenden „katholischen Dienern Gottes"... Keine gesetzliche Grundlage ist da, um die Teufelsaustreibungen aus dem Körper mit... - **getrunkenen Domestos Lösungen** zu verhindern...!

Die Menschen kriechen auf den Knien mit Schaum im Mund und erbrechen... - Gesetze? - Außer Kraft... Die Erklärung der zuständigen Gottes-Anstalt dazu lautete: „Die, durch den Satan Besessenen machen es absolut freiwillig".... (Radio MDR Sachsen 7/8 März 2017.)

Das Fehlen der gesetzlichen Grundlage, scheint die Täter zu freuen. Ein Wissen über manch genetische, hypoxische, tumoröse oder toxische Folgen der kranken Psychosomatik, sind schon seit Langem bekannt. - Aber darüber will wohl Kirche am besten nichts wissen...

Hinter den Mauern ist es wohl zu langweilig. Austreibungen als eine mit der Monotonie des klerikalen Alltags bedingte Abwechslung?

Die Psychologen kennen das potenziell gefährliche Problem sehr gut. Obwohl manche die mit „Teufel besessene Personen" eine fortgeschrittene und sogar einem Laien sichtbare kranke Symptomatik aufweisen, unternimmt man **keine Versuche**, um die klaren Anomalien des Verhaltens vorerst genauer medizinisch untersuchen zu lassen!

BEWEISE FÜR DIE EXISTENZ GOTTES...

Eine möglichst überzeugende Konstruktion der idealistisch-ontolo-gischen[21] Auslegung einer Gottestheorie, erforderte eine dauernde intellektuelle Dauerbeschäftigung der Geistigen... Die Beweisbarkeit der „Glaubenswahrheiten" zu schaffen, diktierte nicht nur Ehrgeiz. Es zu schaffen war, wie man einst schrieb... „ein Befehl Gottes"...

Im Geiste dieses Befehls drehte sich auch die Geschichte mancher in-tellektuellen Ausbrüche, welche noch heute recht viel Spaß machen.

Die Bestrebungen der Kirche, Existenz des Herrn klar zu beweisen bewirkte gewöhnliche und ungewöhnliche Aktionen. Philosophie, und geheime Wunder, Weinende Madonnas und stimmen Gottes. Mysterien und „Befreiungen" der besessenen Menschen vom Satan. Diese befriedigende Plumpheit, mag durchaus dort noch wirken, wo eine Intelligenz und Bildung noch in der Entwicklung ist...

Wir sind mittlerweile im 21 Jahrhundert angekommen, aber in Glaubensfragen verlässt man sich auch auf die Traditions-Doktrin der beiden christlichen Kirchen. Wem eigentlich sollen die angeblich gefundenen (z.B. Urknall in entsprechender Interpretation) Gottes-beweise dienen? - Dem Menschen oder vorwiegend der Kirchen?

Die klerikalen Denker wollten schon immer die sicheren Beweise für Existenz der Gotteskraft konstruieren, Beweise, welche sowohl die Laien, als auch die Brüder im Geiste absolut überzeugen sollen...

Das wollte auch unbedingt der weltberühmte heilige Anselm von Canterbury...

Nur zu einer erweckbaren Unterhaltung, versuche ich hier ein Denk-Phänomen zu beschreiben, um welches die Kirchen von heute lieber einen großen Bogen machen... - Und das nicht ganz ohne Grund...

Lieber nicht danach fragen! - Die Reaktionen der Kleriker variieren hier zwischen Verlegenheit und einer sichtbaren Aggressivität...

---

[21] *Daseins-theoretische Inhalte*

Ein Blitz des Himmels... oder ontologischer Gottesbeweis des hl. Anselms.
Eines schönen Tages, während eines Spaziergangs nach dem guten Essen, hat einem Mönch, dem Anselm von Aosta (1033-1109), eine himmlische Blitzidee den Kopf erleuchtet... - Unglaublich!
Der logische Gottesbeweis lag dem Anselm plötzlich auf der Hand!
Dieses scheinbare Eureka veröffentlichte Anselm wie folgt:
„Alles, was ideal ist, muss existieren... - Gott ist ideal! - Gott muss existieren!
Existenz einer Höheren Kraft? - *JA !* Aber nicht nach dieser „Logik"!
Dieses Resonieren schien trotzdem für die Theologen und andere Apologeten absolut richtig und indiskutabel zu sein... Man konstatierte eine unantastbare „Logik" dieser intellektuellen Leistung...
Die Würdigungen der katholischen Kirche nahmen kein Ende. Man hat diese „eiserne Logik" als *unumstößlich* bezeichnet...
Im Jahr *1093* bekam Anselm dafür eine Mitra des Bischofs von Canterbury. Im Jahr *1494* wurde er heiliggesprochen und viel später, im Jahr *1720* hat ihm der Papst Clemens der XI, eine posthume Würde des unbeirrbaren Kirchenlehrers erteilt... Und das Alles geschah, obwohl schon zur Zeit des Anselms ein angehender Mönch *Gaunilo von Marmoutiers*, den unumstößlichen Beweis in einer Rhetorikstunde, während des Mittagessens, vor dem breiten Auditorium der Gleichgesinnten Geistlichen zertrümmert hat! - Gaunilo von Marmoutiers: „Ich kann mir eine Ideale Insel vorstellen, wo nur allerschönste Dinge existieren... Aber, muss die ideale Insel nur deshalb, weil ich mir diese als ideal vorstelle, tatsächlich existieren?"
Von irgendeiner Fraglichkeit und angeblich merkwürdigen „Logik" Anselms, wollte die Kirche lange Jahrhunderte „nichts wissen"...
Erst nachdem viel später sogar die Laien, über diesen "Beweis" zunehmend öffentlich gespottet haben, hat man ihn doch endlich fallen lassen. Der heilige Anselm ist eigentlich nur eine bedauerliche Figur der Kirche, obwohl die Betreiber des heiligen Marketings den Gottesbeweis Anselms jahrhundertelang gut zu vermarkten wussten...

Es ist zu verdächtigen, dass Anselm selbst, schon nach kurzer Zeit die Sinnlosigkeit dieses „Unumstößlichen Beweises" erkannt hatte... Da die Anerkennung und die Berühmtheit schon die Spitze erreicht haben, konnte sich Anselm nicht mehr leisten die Sinnlosigkeit seines Denkens publik zu machen... Das könnte für ich schlecht enden... Die große Blamage, betrifft vorwiegend seine Kirche, wo die Päpste damals als auch heute noch, in den sog. Glaubensfragen als unbeirrbar gelten, was sich in der Geschichte dieser Kirche schon mehrmals als blamierend erwiesen hatte und trotz Schaden begrenzenden Aktionen, zu erheblichen Autoritätsverlusten führte...

Platons ideale Jenseitswelten

Als Vater des Objektiven Idealismus gilt Platon. (427-347 v. chr.) Laut Platon ist unsere Welt nur ein Abbild, eine Art Schattenwelt der echten Wirklichkeit in der wir künftig leben werden... Die hiesige Schattenwelt hat ihr wahres Abbild in den idealen Welten, welche als die echte und wahre Wirklichkeit, im Jenseits existieren... Die „Schattenwelt" in der wir leben, ist samt uns vergänglich. Die idealen Musterwelten dieser Schattenwelt existieren aber real und ewig. Wie genau die Bau-Essenz seiner Wirklichkeit zu verstehen ist, lässt Platon nicht klar erkennen... Was verstand er unter „Ideal"? Um die interpretative „Klarheit" sorgte erst die katholische Kirche.

Kommentar: - Eine neue Idee der mit menschlichen Seelen und Seelen der Natur gefühlten Jenseits, unter Voraussetzung einer **Energomaterialität**, dieser Seelen, als auch des Raumes, könnte vorstellbar sein... Da zur Zeit Platons die Energien und Gravitationen noch unbekannt waren, ist es gut verständlich, dass Platon die idealen Außenwelten eher als nicht substanzielle Existenzen interpretiert haben konnte, und vielleicht auch durfte. - Zu jener Zeit waren selbst die Luft und das Licht keinerlei Substanzen... Die waren einfach: - „Ein Nichts"... Platon sah in seinen **wahren Welten des Jenseits** ein „Raum des Verweilens" für die menschlichen Seelen, Verweilens bis zu Reinkarnation...

An die Möglichkeit einer Wiedergeburt glaubten schon zur Zeit Platons einige Völkerstämme der Erde… Eine Vorahnung der geheimen Welten und Orten, der Geister und Götter, ist keine Erfindung der Kirchen. Dieses Glauben an Geister war schon im Bewusstsein der u. A. Cro-Magnon Menschen vorhanden… (Animismus)

Platon: „Da die Seele bereits vor menschlicher Geburt in der idealen Welt existiert hat, kehrt die erst mal nach dem Tod dorthin zurück, um sich später auf der Erde erneut zu inkarnieren"… (Zitat Ende)

*Ist diese Intuition etwa **Erinnerung** aus dem doch existenten ideal-philosophischen Raum Daseins? - An ähnliche philosophische Inhalte knüpfte später der objektive Idealismus an. Der biblische Himmel entsprach weitgehend der platonischen wahren Wirklichkeit.*

*Eine spätere, **idealistisch-philosophische Vision** des Weltschöpfers bekam jedoch eine philosophische Korrektur: - Der biblische Gott, erst als Person dem Volk visioniert, wurde später zur philosophischen substanzlosen IDEA… Die thomistische Philosophie, beruft sich heute noch gerne auf die platonische Jenseits-Welten… Diese Vision wäre nur im existenzfähigen, substanziellen Raum annehmbar.*

Aristoteles (384-322 v. chr.)

Der Schüler von Platon benennt seine berühmte eine **Causa Finalis**[22], ohne welche unsere Welt nicht geschöpft werden könnte. - Worte, die später philosophische und auch religiöse Folgen nach sich zogen…

Aristoteles hinterließ somit eine kreationistische Vermutung, mit welcher die Neothomisten ihre Fundamente später festigen konnten. Aristoteles konnte sich, wie man heute weiß, die Veränderungen in dieser Welt mit einer nur spontanen Wandlung der Natur kaum ausreichend erklären, was bei einer Wirklichkeitsvorstellung seiner Zeit verständlich ist. Der Denker setzte wohl deshalb eine kausale Ursache voraus, welche das Entstehen der Welt verursachen musste…

---

[22] Eine Endursache (der Schöpfer, Gott.)

Auf diese philosophische „Entscheidung" des Denkers berufen sich wohlwollend alle philosophischen Idealisten bis heute. Aber, nur ein „sich Berufen" alleine, verschafft noch keine sog. Wahrheit...

Die Frage, wieweit wurde die Autorität der Persönlichkeit Aristoteles, für Unterstützung der doktrinären Zwecke der Kirchen benutzt, ist hier eine Frage des persönlichen Urteils eines Jeden von uns...

Wieweit und wie stark wirkt die Autorität der klerikalen Amtsträger auf das aktuelle Bewusstsein vieler Menschen von heute, ist ebenso eine Sache des persönlichen Urteils... Dieses rein persönliche Urteil würde zweifellos sehr unterschiedlich ausfallen...

Fakt ist, dass: **Kaum eine Doktrin oder Theorie,** (damals wie heute) welche einem Kult der Person, Befestigung des philosophischen Systems, einer Religion oder einer Untermauerung des politischen Systems dienen soll, wurde nicht ohne zuvor vorgenommenen, dem *Ziel* dienenden Interpretationen gefestigt... - Ist das noch heute so...?

Tjaaa... Die Antwort gilt aber „nur unterhalb der Lichtgeschwindigkeit"... Denn oberhalb dieser, bewegt man sich schon **(laut Vorstellungen der speziellen Relativitätstheorie)** in der Zukunft und können nun fragen: - Was interessiert uns unser Geschwätz von gestern?

☼☼

Zum nächsten Kapitel:

Der phil. Thomismus bildet die philosophische Fundamentgrundlage der katholischen Kirche. Derart Behauptungen verlieren in der modernen Gesellschaft zunehmend ihre demagogische Wirkung...

Welche philosophischen Theorien und Ströme können heute noch ausreichend überzeugen? - Und was ist mit Erkenntnistheorien?

Vielen von uns wurde es heute noch schwierig, manchen Weltfunktions-Theorien, als auch einigen fraglichen Behauptungen der aktuellen Erkenntnistheorien, eine volle Akzeptanz zu schenken. Insbesondere um eine Antwort auf die Frage: - Sind die Welt-Theorien glaubhaft? Das, und viel mehr, in den nächsten Kapiteln des Buches.

THOMISMUS

*Der schon im Text erwähnte hl. Thomas von Aquin (1225-1274) konstruierte seinerzeit die (nicht jedem) bekannten philosophische Gottesbeweise. Seine fünf ontologischen Beweise für Existenz Gottes, sind zum philosophischen **Fundament** der katholischen Kirche erklärt worden. - Fundament, auf welchem viele Menschen von heute, kein Haus bauen würden... Eine Tradition in vielen Familien, verpflichtet die Kirche zumindest zu Ostern oder Weihnachtszeit besuchen, was lobenswert ist. In vielen Ländern der Erde, wo Katholizismus noch ihre Triumphe feiert, vor allem in Südamerika, gelten die Argumente der Neothomisten als nicht anfechtbar. Wie viele von gläubigen Katholiken diese Beweise selbst gelesen haben, oder deren argumentative Kraft analysieren könnten, ist natürlich unbekannt...*

Gab es bei uns in Deutschland welche Umfragen dazu... ?

Solch eine Umfrage könnte ein Bild darüber liefern, wie viele Menschen eine Ahnung darüber haben, was Thomismus überhaupt ist! Es gab schon hunderte verschiedene Umfragen... - Dazu aber, keine!

***Thomismus** gilt als unangefochten, (da zu schwierig) noch dort, wo die breite Masse der Menschen mit ihrem Bildungsstatus kaum in der Lage ist, dessen logische Inkonsequenzen zu beurteilen...*

*Dieses „kaum in der Lage sein" eröffnet **leider auch** vielen proselytischen[23] Glaubensorganisationen und Sekten neue Möglichkeiten...*

Religionswissenschaften in der dritten Welt?

*Die aufklärende Wissenschaft würde sich **dort** angesichts der mitwirkenden Macht der Kirchen und Sekten nur sehr bedingt trauen, eigene kritische Publikationen über die Bühne zu bringen... Einem, der sich dort **wagen würde,** die Religion als eine historisch-soziologische Erscheinung zu analysieren, könnte was Unerwartetes passieren...*

---

[23] *Hier: Ein proselytisches Verhalten: Von den religiösen Organisationen dauernd geübtes Anwerben der neuen Mitglieder.*

FÜNF WEGE ZUM GOTT..

So hat eben der heilige **Thomas** seine Gottesbeweise genannt...
Alle fünf Argumentations-Titel für Existenz Gottes lauten:
1-Beweis der Notwendigkeit des ersten Bewegers.
2-Beweis der Notwendigkeit der ersten Ursache.
3-Beweis der Notwendigkeit der ersten Notwendigkeit.
4-Beweis der Vollkommenheit aller Dinge.
5-Beweis der Notwendigkeit der ersten Intelligenz.
Da alle fünf Beweise gleich alogisch sind, beschreibe ich nur die ersten zwei davon. Den Grundfehler nennt man: **Logische Äquivokation...**
Deren logische Fraglichkeit führt trotzdem nicht zum Atheismus...

✿✿

1: - Beweis der Notwendigkeit des Ersten Bewegers.

Kurzfassung: Laut der philosophischen „Überzeugung" von Thomas von Aquin, **schuf Gott erst mal eine stillstehende, völlig unbewegliche Welt...**
Alles hing starr im Raum und wartete auf den allerersten göttlichen Stoß... Wie man nachvollziehen kann, (so der hl. Thomas) bewegt sich heute alles um uns herum... - Thomas weiter:
Wie konnte es geschehen, dass die unbeweglichen Dinge **angefangen haben,** sich auf der Erde und am Himmel doch zu bewegen?
Gott hat den ersten Stoß abgegeben. - Das erste von Ihm bewegte Ding, welches das andere (noch bewegungslose) Ding durch (jetzt) eigene Kraft bewegen konnte, bezeichnete Thomas als „AKT".
Die anderen „Dinge", welche noch in Erwartung auf Bewegungsstoß des Aktes ausharren mussten, nannte Thomas: **„Potenzen"...**
Der „Beweis" erfolgt unter Annahme der endlichen Wirkungskette...
Es entstand eine Kette aus Akten und zum Akt werdenden Potenzen.
Bewegte ein Akt eine Potenz, wurde die Potenz selbst zum Akt, welcher erst dann fähig war, die weiteren Potenzen in Akte zu versetzen.
Thomas: **Diese Bewegungskette, musste einen Anfang haben!** - Nur der erste Beweger, **der Primus Motor**, konnte diese am Anfang in Gang setzen!

Bildsprachlich übersetzt:

Wenn ein ankommendes Auto, (Akt) in die auf der Autobahn stehenden Potenzen kracht, verwandelt dieser Akt viele vor ihm stehenden Auto-Potenzen in die weiter wirksamen Akte, was man in diesem Bewegungsfall als eine Karambolage bezeichnen könnte...

Diese würden die Theologen natürlich niemals dem bösen Willen Gottes zuschreiben. Man kann davon ausgehen, dass in diesem Fall nur der Teufel alleine, als übler Täter genannt werden würde...[24]

Thomas von Aquin *hielt es für unmöglich, dass Akt und Potenz-Kette im Bewegungsverlauf dieser Welt, unendlich sein könnte...*

„Es muss am Anfang dieser Akt-und-Potenz-Kette, eine Kraft wirken, welche (wie schon geschrieben) den allerersten Bewegungsstoß abgegeben haben muss", - sonst würde sich die Welt nicht bewegen...

Ein „Domino-Effekt"[25] *der hier beschriebenen Mechanismen, wird laut Thomas, bis zum Ende dieser endlichen Welt fortdauern...*

Kommentar: *- Aus der Tatsache, dass die sich bewegenden Akte in einer Wirkungskette die Potenzen bewegen um diese weiterhin in die Akte zu verwandeln, darf man leider **nicht** schließen, dass Akt → Potenz → Akt - Kette, unbedingt endlich sein **muss**... Leider sind die Annahmen immer wieder als ein Faktum betrachtet... - Nur bei ihm?*

2: - Beweis der Notwendigkeit der Ersten Ursache.

Dieser Beweis unterscheidet sich in seiner logischen Qualität kaum von der Argumentation welche hier im Beweis Nr. 1 beschrieben wurde... - Ein komprimierter Inhalt dieses „Beweises" lautet:

Alles, was entsteht, muss eine Ursache seines Entstehens haben. - Alle Änderungen der Welt sind als Ergebnis der Ursachen und Wirkungen, was im Verlauf der Geschehnisse richtig ist. Thomas verwendet auch in diesem Beweis gleiches Resonieren und behauptet:

---

[24] *Ein im Zusammenhang notwendiger Scherz des Buchautors.*

[25] *Freiwillige Bezeichnung.*

*Dass eine **unendliche Kette** der Ursachen und deren Wirkungen **nicht möglich ist**. – Kommt Thomas wieder zu allerersten Ursache? – Ja. Rückwirkend betrachtet, muss es laut Thomas, unbedingt eine absolut **allererste Ursache** am Anfang der endlichen Wirkungskette geben...*

Die allererste Ursache der Wirkungen kann nur unser Herr sein...

Die weiteren „Beweise" beinhalten ähnliche Äquivokationen...[26]

Zur Lebenszeit des Philosophen bestand die Welt aus Himmel und Erde. - Die Bewegungen aller Art, verstand man als einfache mechanische Ereignisse. – Dafür soll man auch Verständnis haben...

Dafür schon, aber nicht für seine „Logik"...

*Denn erneut: Aus einer sicheren Tatsache, dass einem Glied in der Kette von Ursachen und Wirkungen, ein weiteres Glied folgt, kann man nicht schließen, dass diese Kette einen Anfang, und somit auch ein Ende haben **muss**, wo „Gott" da sein **muss**, welcher als die allererste Ursache des Existenten und des weiter Entstehenden gelten muss... Ähnliches Resonieren findet man auch im Beweis Nr. 5 ...*

*Den Beweis **Nr4, hat die Kirche neulich schon selbst für fehlerhaft erklärt...** ☺ Die logischen Fehler im Thomismus, sind der klerikalen Hierarchie schon lange bekannt gewesen... Die Frage, weshalb erst unter Druck der Neuzeit-Logiker die klar erkennbaren Äquivokationen „bemerkbar geworden sind", ist nicht schwer zu beantworten... Die Prämissen[27] von Thomas sind **reine Annahmen**. - Eine Annahme kann nicht als eine logisch verwertbare Prämisse benutzt werden. Die Logik will, dass Prämissen unbedingt wahrhaftig sein sollen... Schon eine unwahrhaftige Prämisse bewirkt eine falsche Schlussfolgerung...*

Da eine Annahme nicht wahrhaftig sein kann, muss die Schlussfolgerung, welche in dem Fall zwangsläufig zu einer Art „Annahme-Schlussfolgerung" geworden ist, als völlig falsch betrachtet werden.

☼[26] *Logischer Fehler. Eine falsche Schlussfolgerung.*

[27] *Zwei wahrhaftige Ausgangs-Behauptungen, welche eine Schlussfolgerung erlauben.*

PHILOSOPHISCHER DUALISMUS

Zum philosophischen Geschehen gehören hier zwei (das Duo) Daseinsmächte, welche die ontologische Wirklichkeit bilden.

Dualisten sind der Meinung, dass die ewige und grenzenlose Materie** neben **dem ebenfalls ewigen und grenzenlosen Geist (= Gott) existiert.

Beiden Mächte haben einen gleichen Status eines ewigen in der Zeit und Raum[28]unbegrenzten Daseins. Ein glückliches Vereinen des Idealismus und Materialismus in einem System, ist diese Theorie nicht. Der Wermutstropfen, ist hier die diskutable gegenseitige Beziehung der beiden Wirklichkeiten. Es war anscheinend nicht leicht, die gegenseitige Beziehung des Geistes und Materie (Universum) zu beschreiben. Die beiden können sich nicht lieben und zugleich streiten. Man meinte es so, obwohl dieser Grundsatz nicht immer stimmt...

Die Präkursoren teilten letztendlich den Dualismus auf zwei grundsätzliche Subrichtungen: - Parallelismus und Interaktionismus.

Als Teilungskriterium diente die angenommene Beziehung zwischen der ewigen Materie und dem ebenso ewigen Geist. Man diskutierte hier die Möglichkeiten... Mehr als zwei konnte man nicht sehen...

Denn, es gibt nur zwei: Krieg und Frieden. Ist die parallele Beziehung friedlich, dann spricht man von einem dualistischen Parallelismus. Ist es überzeugend? Jeder von uns darf das selbst beurteilen.

Dualistischer Parallelismus

Laut dieser Auffassung existieren Geist und Materie im relativen gegenseitigen „Frieden". Keiner von den Beiden stört die Existenz des Anderen... So die parallelistischen Vorstellungen dieser Symbiose. Aber... Die Interaktionen zwischen Materie und dem idealen Dasein sind wohl eine Notwendigkeit. Es ist anders nicht zu erklären, weshalb das eine Dasein das andere Dasein unbedingt „braucht"...

---

[28] *Hier noch klassische Begriffe der Zeit und des Raumes.*

Dualistischer Interaktionismus

Hier beeinflussen sich die beiden Daseinsmächte gegenseitig. Nicht immer im friedlichen Sinne wohlgemerkt... Deshalb entsteht in vielen Interaktionen dauernd Neues, - was immer das auch sein soll...
Kann man das gegenseitige Beeinflussen als eine diese Hassliebe erhaltende Maßnahme bezeichnen? - Bislang hat sich niemand mit dieser Idee genauer beschäftigt. Man will die beiden Daseinsmächte doch nicht mit menschlichen Eigenschaften anthropomorphisieren...
Zum anderen:
Ein drastisches Beeinflussen, ist eben nicht immer ein Kampf, obwohl viele Diskutanten des Interaktionismus das so gerne sehen...
Der dualistisch interpretierte Geist muss auch hier der klassischen Vorstellung eines... dessen a-materiellen „Wesens" artig folgen.[29]
Ein Kampf der Gegensätze bewirkt eine Beschleunigung der Änderungen. Diese Behauptung kommt uns sehr bekannt vor... Hat sich der uns gut bekannter Karl Marx diese kluge Idee etwa von den Dualisten abgeguckt? Das wäre gut möglich... Auch im täglichen Leben beobachten wir laufend die gegenseitigen Interessen, welche keineswegs nur Freundschaft bedeuten. Aber infolge dessen entstehen Ereignisse, welche weitere Ketten des Neuen bewirken können...
Ist man auf Parallelismus und Interaktionismus gekommen, indem man das Miteinander unter Menschen beobachtet hatte?
Europaweit, insbesondere in Österreich bekennen sich viele mit Philosophie interessierten Menschen zum Dualismus. - Natürlich macht die Anzahl der Apologeten[30] noch keine Wahrhaftigkeit eines philosophischen Systems aus... Anzahl der Apologeten ist oft eine Folge der guten Werbung, glänzenden Vorträge und (laut meiner Tante) nicht zuletzt einem besonders guten Aussehen des Professors...

---

[29] Meine private Anmerkung.

[30] Der eifrigen Befürworter

Wirkungsmechanismen...?

Wer in den jungen Studienjahren eine fest gefasste Überzeugung, was eine weltanschauliche Theorie angeht verinnerlicht hat, ist es ihm nicht leicht diese später aufzugeben... Und ganz schwer ist es dann, wenn man schon die konkreten Inhalte unter eigenen Namen publiziert hat, denn dann geht es nicht nur um die Theorie...

Ein langes Treue-Bekenntnis zum Inhalt der Theorie, erfordert den meisten Fällen eine mehr oder weniger gute Rechtfertigung dieser Überzeugung. - Eine Überzeugung heißt aber nicht automatisch, dass auch diese, nicht revidierbar sein könnte... Es gab schon viele Theorien und philosophische Beweise, welche im Lauf der Zeit und Entwicklung der Denkschärfe fallen gelassen werden mussten...

Ein Bekenntnis zu einer Theorie, insbesondere im philosophischen oder erkenntnis-theoretischem Bereich, steht in allen meisten Fällen einem guten Glauben sehr nahe. - Denn Theorie - ist nur Theorie...

☼☼

Geist (Gott) und Materie wurden immer von Philosophen getrennt. Diese Trennung überdauerte lange, da die Überwachung der „geltenden Wahrheiten" in der bekannten mittelalterlichen und postmittelalterlichen Geschichte war wirksam... Die sog. „heilige Inquisition" torpedierte verbrecherisch jede „ketzerische" Versuchung den Gott anders zu sehen, als bislang konstruiert. – Entstand der antikatholische Dualismus als eine philosophische Politik der Mitte?

So starr soll man es nicht sehen... Man soll es in der ersten Linie als eine tatsächliche philosophische Überzeugung der Denker sehen...

Urteil? - Der Dualismus schien näher der glaubhaften Wahrscheinlichkeit zu sein, als die klassisch-monistischen Theorien Daseins...

Es ist an der Zeit, sich heute ein paar Gedanken zu machen, ob der Dualismus doch nicht als Monismus interpretiert werden könnte...

*Diesen für Viele im unüberlegten Empfinden Unsinn, versuche ich im bevorstehenden Kapitel: **Theo-Universalismus (S. 75)** zu begründen.*

SUBJEKTIVER IDEALISMUS

Diese **bekanntlich alte Strömung**, ist eine „moderne" **neuro-theoretische** Sicht der Wirklichkeit. - Es ist die philosophische **Mode von heute**...

Laut des subjektiven Idealismus damals, - (G. Berkeley. XVIII Jh.) wie heute, liefern unsere Sinnesorgane eigenem Bewusstsein kaum wahrhaftige und möglicherweise falsche Bilder der Wirklichkeit...

Laut subjektiven Idealisten bestimmt das was wir sehen, oder genauer: was wir sehen wollen, - im Wesentlichen unser Bewusstsein. Eine objektive Beobachtung der Wirklichkeit sei sehr fraglich und kann keinen wirklich empirischen Wert erbringen...

Der subjektive Idealismus ist der Meinung, dass die Wissenschaft nur begrenzt fähig ist, die Formen der Wirklichkeit zu beschreiben, selbst wenn wir diese klar zu sehen und zu tasten sein sollen...

Laut der subjektiven Idealisten und Analoga, ist der Mensch unfähig die wahre Beschreibung der Wirklichkeit zu schaffen, oder die Experimente zu analysieren. Kurz: Die beeinflussbaren Sinne der Menschen irren und widerspiegeln die Wirklichkeit völlig falsch...

Die gemäßigten „Subjektivisten" haben Bedenken, was die rein epistemologischen Ergebnisse der „die Philosophie unterstützenden Wissenschaft" betrifft... Diese sind laut der gemäßigten subjektiven Idealisten und deren Anhängern, ebenso fraglich wie der Mensch selbst.

Die extrem skeptischen „Analoga,[31]**"** z. B. **Solipsisten**, gehen noch weiter und behaupten einfach, dass alles, was wir sehen nur eine imaginäre Vorstellung unseres Bewusstseins ist und de facto überhaupt nicht existent sei... Ähnliche Resultate dieser „eingebildeten Epistemologie", vertreten auch die radikalen Konstruktivisten von heute... Ob diese Art des Denkens eine wahre Konstruktion der Erkenntnis ist oder eher eine mit Trend der Zeit geübte Anstrengung des Intellektes sein soll? - Man kann, wenn man es will, darüber spekulieren.

---

[31] Die ähnlich denkenden Idealisten Z. B. Die radikalen Konstruktivisten.

DER RADIKALE SOLIPSISMUS

Nur zur Unterhaltung beschreibe ich diese, insbesondere in den philosophischen Studentenkreisen noch heute diskutierte Theorie:

Nach dem Motto Schopenhauers „Die Welt ist nur meine Vorstellung" gab es (einst) an den philosophischen Fakultäten nicht ganz selten einen gewollten Drang zum grundphilosophisch angefärbten Streit... In der Mitte der reizerzeugenden Maßnahmen befand sich meist die Thematik einer wahrhaftigen Auffassung der Wirklichkeit. Die meisten Studenten der ersten Semester liebten diese (nicht immer ganz alkoholfreien) verbalen Auseinandersetzungen...

Aber das war schon „immer so"... Nicht viel anders liefen wohl die zeitvertreibenden Weinglas-Diskussionen in den mittelalterlichen Klöstern, obwohl Solipsismus damals noch unbekannt war...

Ist die volle Erkenntnis der Wirklichkeit überhaupt möglich?

Muss sich der Mensch auch in der Frage: wie läuft denn die Anatomie und Physiologie Universums, auf seine intuitive Erkenntnis unterstützend verlassen? – Wie ich meine: - unbedingt... Denn eine empirische Einsicht in alle dessen Geheimnisse, hat klare Grenzen...

Die Welt als Wille und Vorstellung?...

Den Satz von Schopenhauer kennen wir. - Allerdings nicht als Frage. Kurzbeschreibung: - „Alles was wir sehen, existiert nicht genau so, wie wir es zu sehen meinen..." - Wir sehen alles sehr subjektiv...

Manchen Meinungen nach, sehen wir manchmal das, was wir sehen wollen... was manchmal geschieht... Sollen wir diese Gedanken ernst nehmen? - Aber, wenn wir unserem Bewusstsein befehlen, den Kühlschrank als eine Waschmaschine zu sehen, wird aus einem Kühlschrank keine Waschmaschine, auch dann nicht, wenn wir unsere ultimative Vorstellung mit einem starken Willen unterstützen...

Unser Wille? - Es gibt doch einige Phänomene, *welche auf ein Emanieren der Bilder und Gefühle der Menschen, Tiere und Pflanzen, als auch auf Übertragung der Vorstellung im Raum deutlich hinweisen...*

Philosophische Inhalte der subjektiven Weltbeobachter:

Die radikalen Solipsisten sind der festen Überzeugung, dass die von uns „wahrgenommene" Wirklichkeit (falls man von so einer überhaupt sprechen kann) - nicht existent sei... Alles das, was wir sehen, tasten, hören und spüren, ist lediglich eine in unserem Bewusstsein entstandene Illusion... De facto ist dieses „Empfinden der Wirklichkeit" laut der extremen subjektiven Idealisten, nichts anderes, als nur eine Art gewollte (?) Vorstellung unseres Bewusstseins, welches unser Sehen, Hören, oder Spüren der Wirklichkeit zusammenbaut...

Solipsismus: Die Wirklichkeit existiert nur bei uns im Kopf... - Punkt. Die Solipsisten sind darüber absolut überzeugt. Die radikalen Solipsisten behaupten einfach, dass dies alles, was wir um uns herum sehen, eine Phantasmagorie ist und dabei trinken einen Tee, welcher nur eine Einbildung unseres Bewusstseins sein soll... - Tjaa...

Diese Auffassung vertreten sie mit Sturheit und Argumentationen, welche Einen Gesprächspartner zum Verzweifeln bringen können... Interessant ist jetzt die Frage: Wieso sind die Solipsisten zu einer Diskussion mit einem Kontrahenten bereit, welcher laut Überzeugung „gar nicht da" sein soll? - Bewegt die Frage den Solipsisten?

Die bekannten Fragen: Wieso macht Solipsist doch eine Korrektur der Frisur im Spiegel, den es nicht geben soll, oder fährt Auto, welches laut seiner These nur eine Vorstellung seines Bewusstseins sein soll, erwirken leider keine einsichtige Resignationswende...

Wichtige Frage: Hat eine Foto-Kamera eigenes Bewusstsein? - NEIN. Knipsen wir uns mal ein Foto mit einem Fotoapparat, (der kein eigenes Bewusstsein hat...) Auf dem Foto wird immer nur das abgebildet sin, was wir im Fokus sahen... - Kann die Kamera „wissen", was wir uns gerade in den Fokus schauend vorstellen? – Nein.

Mehr Beweise für eine Existenz der auch apparativ tastbaren Wirklichkeit brauchen wir nicht... Sonst müssten wir auf jegliche apparative Hilfe (z. B. Teleskope) in der heutigen Erkenntnis verzichten.

Die Religionen

Ein Glaube an eine höhere Kraft, die uns vor allem Bösen schützt, brauchen viele Menschen... Diese Kraft kann man eigentlich mit zehn Sätzen beschreiben, da diese Beschreibung so oder so eine nur unserem Willen dienende Vision ist... - Es könnte auch so bleiben... Das hat sich im Lauf der Geschichte als nicht möglich erwiesen... Man zwang ihn daran und so zu glauben wie es ihm das die Glaubensführer (Priester) diktiert haben. - Und so läuft es bis heute...

Mit Machtübernahme der Glaubensführer, *kann man bis heute nicht mehr von einem völlig unabhängigen Leben im Glauben sprechen... Glaube des Menschen wurde abhängig von der sich immer weiter im strikten Diktat. Die exekutierten Vorstellungen Gottes und dessen Würdigungsart sind (auch heute noch) streng kontrolliert... Im Lauf der Machtfestigung der Glaubensführung opferte man den (wie es hieß) Göttern auch (unbequeme?) Menschen... Diese Rituale und Strafen, festigten damals wie heute Macht der „Hochwürden"...*

Man musste sich nicht nur den Ritualen unterordnen, aber auch der unberechenbaren Laune der Priester... - (was bis heute aktuell ist.) Entwicklung: Recht früh (04.Jh.) kam es zu Konsolidierung, der theoretischen Glaubensinhalte, der kath. Kirche. Diesen blind zu folgen war und ist obligat. - Es entstanden die „heiligen Schriften" und die Kirchen. - Nebenbei entstehen auch viele religiöse Sekten...

Die historisch soziologische Erscheinung: Religion, welche auch die Religionsforscher dem Volk zu erklären versuchen, ist je nach Quellen, welchen die sich sehr persönlich gebunden füllen, unterschiedlich oder besser gesagt, tendenziell erklärt... Deshalb ist es einem interessierten Anfänger, der die objektive Wahrheit wissen möchte, nicht immer leicht, die gesuchte Objektivität leicht zu finden... Denn:

....

Es gibt alleine im Christentum, etwa 700 religiöse Theorien*, auch **ebenso viele Glaubensorganisationen***! *Und jede davon will unbedingt recht haben!*

Pantheismus und die Kontrahenten

Die Auffassung der existenten Wirklichkeit, nach welcher es in der Natur Geister geben soll, ist nicht neu. Diese These ist alt wie die menschliche Intuition, welche schon in der Steinzeit geneigt war, eine parallel existente Geisterwelt in der Umgebung zu erahnen... Demnach „wohnten" einst die Geister in den alten Bäumen, Bergen, Seen, (Animismus) Tieren, (Totemismus). Kurz gesagt: - In der gesamten Natur.

Geist Gottes in der Natur?

Ein Niederländer, Baruch Spinoza (1632-1667) konstruierte seiner Zeit eine These, wo die Immanenz[32] Gottes in der Natur für eine harmonische Symbiose sorgen soll. Eine etwa dual-philosophische Vorstellungseinheit Gott & Natur? Diese revolutionäre Idee bewegte einst schnell die Alarmglocken der katholischen Kirche. - Was soll das um Himmelswillen bedeuten? Was könnte die Formulierung: - „in der Natur heißen?" - In den Bäumen oder Steinen etwa? - Das wäre doch eine pure Ketzerei!

Diese Idee war für den Klerus zu animo-dualistisch. Ein Geist in der gleichberechtigten Materie? - Hier würden ähnlich wie im klassischen Dualismus Fragen zum Verlauf der gegenseitigen Beziehung zwischen dem Geist und Materie laut werden können... Das würde Gott sicher nicht haben wollen!

Und was wichtiger wäre, es könnte eine Verwirrung entstehen, welche eine Spaltung der Theologen in einige häretische Gruppen bewirken könnte!

Galilei, Kopernikus und Spinoza überlebten Kritik der Kirche..

Da zu jener Zeit die verbrecherische Inquisition der katholischen Kirche weiterhin folterte und mordete, folgte Spinoza endlich einem klugen Rat und bezeichnete sein einziges Dasein als Gott, womit er auch die einstigen „Richter der Wahrheit" und die dauernd lauernden sogenannten: „Inquisitoren im Dienste Gottes" recht gut zufriedenstellen konnte... - Man hat Baruch Spinoza gnädig weiter leben lassen... - aus Menschenliebe...?

---

[32] Ein „Drin sein".

Eine sehr bedauerliche Wende, welche dem Philosophen sein Leben rettete... Denn Europa jener Zeit kannte nur eine einzige „Autorität" und zugleich gefürchtete Macht: - Die katholische Kirche...

Jede Anzweiflung dieser Autorität oder Verhalten dieser Macht, war lebensgefährlich. Die Erde, eine Schöpfung Gottes, musste auch deshalb als eine Scheibe lange gelten. Gott sieht alles, - schüchterte man dauernd ein... Mit Augen der Kirche natürlich...

Die Andersdenkenden wurden schnell zu Häretikern, welche sofort der „Heiligen Inquisition" ausgelieferten wurden. - Denker, die anschließende Folterungen nur selten überlebt haben...

Es ist somit verständlich, dass Spinoza der lebensgefährlichen Hetze unterlag und die amtlich interpretierte Sicht des einzigen göttlichen Geistes „nolens volens" beschwört hatte... Kein Wunder, dass jegliche objektive Entwicklung der Wissenschaft jener Zeit, sehr lange nicht möglich war. - Ein Zustand, welcher in einer verminderten und vielleicht deshalb geduldeten Form noch heute fortdauert...

Die höhere Macht und erkenntnis-theoretische Indizien der Wissenschaft?
Eine Änderung eines in der Kindheit erworbenen Bildes erfordert irgendwann eine bedachte und überzeugende Verarbeitung...

Erfreulich: *- Man kann sich endlich erlauben zu vielen Argumentationen der idealistisch geprägten Theoretiker, „NEIN" zu sagen...*

*Die wissenschaftlich gepredigte **Urknalltheorie**, welche als Weltschöpfung **aus dem Nichts** - (aus punktgroßen Anfangssingularität) interpretiert wird, ist in dieser beinah klerikalen Auslegung, **fraglich**. Die Frage, weshalb diese gemischt-philosophische Schöpfungstheorie Universums doch populär wurde, ist wohl verständlich... Viele Menschen wollen nichts anderes hören! - Satz: „die Doktoren werden wohl wissen, was die sagen", gleicht einem bequemen Abschalten des eigenen Denkens... Deshalb entstand nach vielen amtlichen Erklärungen des Urknalls eine Zustimmung... Ein „Grund" des Glaubens lautet: - „**Na, wenn die das sagen, - dann muss das schon wahr sein**"...*

RELIGIONEN UND DIE KOSMOLOGISCHE THEORIEN

Durch die uralten animistischen Glaubensvorstellungen über die Geister der Natur und später totemistische[33], solare[34] und lunare Gottesvisionen,[35] evoluierte der Mensch zum Polytheismus. Die Krönung der Glaubensentwicklung ist der aktuelle Monotheismus.[36]

Es entstanden die sog. heiligen Schriften. Diese hat man erst mal gut sortieren müssen. Die bibeltauglichen (anders: der Vorstellung der Kirche entsprechende) Weltschöpfungssagen und Evangelien fanden ihren Platz in der Bibel. - Die Apokryphen (unpassende und deshalb abgelehnte Texte) landeten entweder in den geheimen Kellern Vatikans, oder wurden einer „klaren Linie" zuliebe vernichtet...

Und wenn was davon noch nach Jahrtausenden aufgetaucht ist, hat die katholische Kirche versucht (Qumran-Schriften) diese um jeden Preis in die eigenen Hände zu bekommen, **und zwar nicht,** um diese etwa zu veröffentlichen oder eigene Bibeltexte zu vervollständigen...

Die Weltschöpfung

Die biblische Weltschöpfung verlief recht prosaisch... Am Anfang schuf der Gott den Himmel und Erde... Gewässer wurden getrennt... Der Mond und die Sterne beleuchteten einem Wanderer die dunklen und gefährlichen Wege. Die Sonne diente dem Menschen tagsüber mit Licht und Wärme. Am Abend versank sie hinter dem Firmament, um morgen wieder zu erscheinen. Über dem Firmament dieser Welt befand sich der Himmel, wo der Gott und seine Engel wohnten...

Ab und zu öffneten die Engel im Firmament die Löcher und es regnete. - Und wenn Gott böse war, donnerte es... So schön war die Glaubens-Kosmologie am Anfang der philosophischen Erkenntnis...

---

[33] Glauben an das Göttliche in den Tieren.

[34] Sonne als Gott. (Z. B. Gott RA in Ägypten)

[35] Mond als Gott. (Alt Mesopotamien)

[36] Glauben an einen einzigen Gott.

Ein „Allwissen" der Priester und Mönche war einst unbestritten...
Diskussionen? - Nur in den Klostermauern. Die Erde musste lange als eine Scheibe gelten. Punkt. Hinter dem Terror im Namen der „Sauberkeit" des Glaubens, stand die sog. „heilige" Inquisition und alle „ehrwürdigen Ermittlungs-Richter" der kirchlichen Macht...

Den „Gottesdienern" war jedes Mittel recht, um eigene Macht zu festigen. - Ein Gipfel des Verbrechens erreichte man in Deutschland im 17 Jahrhundert... (Hexenjagd in Bamberg)

Wurden auch die **Unbequemen** verbrannt? - Eine unbequeme Frage...

Verteidigung der Macht und eigener selbst-eingebildeten Autorität...

Die Schöpfung Gottes lag einst vor Augen der Kardinäle in Form einer Erdscheibe da... Die Sonne, Mond und Sterne dienten der Erde Tag und Nacht...- Eine wahre Kosmologie begann erst mit Galileo Galilei und Kopernikus... Die Veröffentlichung des vom N. Kopernikus geschriebenen Werkes „de revolutionibus orbium coelestium", (1543) bewirkte eine panische Unruhe des kirchlichen Machtapparates... **Für Klerus** entstand eine gefährliche Situation. Ein Verlust der eigenen, bislang unangefochtenen Autorität war vorprogrammiert. Die Würde des hl. Amtes könnte dauerhaft beschädigt werden... Ein Verlust der autoritären Macht war fast vorprogrammiert...

Man zwang Galileo Galilei die Vision der sich drehenden Erde zu widerrufen!! - Galileo konnte damit der verbrecherischen Inquisition entfliehen... Seine geschriebenen Werke, als auch die vom Kopernikus, landeten im Verzeichnis der absolut verbotenen Bücher[37].

Gerade diese Maßnahme bewirkte eine geheime Verbreitung der Entdeckung... bei Gelegenheit: - Ein kirchliches **Verbot** des Kopernikus Werkes: „de revolutionibus orbium coelestium", wurde erst in 60 Jahren von letzten Kanzeln als nicht mehr geltend erklärt...

Die weiteren Theorien, welche den Menschen fesseln sollen, heißen:

---

[37] Im sog. RÖMISCHEN INDEX. (Erlass: - 16 Jahrhundert)

THEORIEN des WELTUNTERGANGS

*Die biblischen Apokalypsen, wie Armageddon, oder eine nach eigener Vorstellung konstruierte Welteschatologie[38], als auch „Memento mori der Welt"[39] in Ausführung der christlichen Weltkirchen, waren und sind noch heute beliebte... Werbung. „Nur wir können deine Seele retten"... Die klerikalen Visionen der einschüchternden Apokalypsen sind bekannt. Gibt es auch wissenschaftliche Theorien dazu? Aber Jaaa... Eine davon heißt: - **Welttod infolge des Wärmeausgleichs**".*

*Eine Antwort auf die essenzielle Frage, ob Universum doch unbegrenzt ist, schien im Zusammenhang irgendwie nicht so wichtig zu sein, und zwar deshalb nicht, - weil es **essenziell wichtig ist**...*

*In dem Satz steckt ein Sinn, welcher erst auf den zweiten Blick erkennen lässt. **Denn die Wärme-Entropie wirkt nur in geschlossenen Räumen!** Ist Universum ein geschlossener Raum? - Das will man uns um jeden Preis weiß machen. Die Theologen halten nur eine begrenzte Welt für möglich. Denn ewig und grenzenlos, „kann nur unser Herr sein". Wärme-Entropie als Teil des einschüchternden Systems? – Möglich. Eine wissenschaftliche Bestätigung einer Möglichkeit des Temperaturausgleichs im Universum Gottes, brachte am Anfang des zwanzigsten Jahrhunderts manch idealistisch geprägten Denker auf die neue, gern verbreitete, leider sehr diskutable Idee... Es wäre doch schön die in der Bibel beschriebene Welt-Apokalypse möglichst mit kosmo-physikalischen Argumenten zu unterbauen... In der Nachkriegszeit wurde der entropisch[40] bedingte Tod Universums, zu einer gern diskutierten Theorie, nicht nur unter den klerikalen Denkern... „Die Welt wird tot sein, wenn alle Sterne verdunkeln, predigte man nostradamusartig, was auf viele Menschen unheimlich wirkte...*

---

[38] *Untergangstheorie der Welt*

[39] *Denke daran, dass du stirbst... (gedenke zu sterben)*

[40] *Durch Temperaturausgleich bedingtes Ende aller Aktivitäten im Universum.*

Wieso redet man uns das ein...?

*Weshalb **will man uns ein geschlossenes Universum** unbedingt einreden? Hier würden die Volkslehrer wohl gern gleich zwei Fliegen mit einer Klappe schlagen... Das zeitlich-sekundäre Erscheinen des Universums und sein entropisches Ende. In einem unendlichen Universum können diese Theorien nicht gelten! Über die Problematik der wahrscheinlichen Unendlichkeit unseres Universums (unseres Daseins), wollen die streng gläubigen Intellektuellen lieber nicht diskutieren... Könnte ein Verinnerlichen dieser Idee mit der Sünde grenzen?*

*Diese „Häresie" würde der Kirchenlehre trotzen... Nur der **der Schöpfer** darf ewig und unendlich sein... Deshalb auch kann die vom Ihm geschöpfte Welt schön rund und natürlich...- geschlossen sein... ☺*

Die weiteren philosophisch diskutierten Fragen lauten:

● *Ist das gerechtfertigt, dass der Urknall, als eine Gottes-Schöpfung der einzigen und begrenzten Welt betrachtet werden kann?*

● *Ist es möglich oder zumindest glaubwürdig, dass erst im Moment des Urknalls der Raum und die Zeit entstanden sein konnten?*

● *Ist es möglich, dass Universum mal im Punkt eingeschlossen war?*

● *Ist es möglich, dass in der sog. Anfangssingularität eine absolute Unbeweglichkeit der Protonenmaterie herrschen musste?*

●*Hat unser Universum seine ursprünglichen Gesetze und Fähigkeiten aktuell verloren, - oder **will man diese lieber nicht in Betracht ziehen**?*

● *Wieso anstatt aller Indizien, welche für Existenz der Überlichtgeschwindigkeiten sprechen ernst zu nehmen, verdreht man uns die Köpfe mit der sinnlosen C-nahen Zeit und Raum Transformationen?*

● *Tachyonen und die Zeitumkehr-Theorie... – schöner Unsinn ...?*

● *Steht Konstanz der Lichtgeschwindigkeit auf dem Prüfstand?*

● *Dreifache Lichtgeschwindigkeit? - Wenn auch erst im Metall...*

● *Erfasste „Gravitationswellen" als **keine** Ursache der Gravitation?*

● ***Nobelpreis für**... Ligo-Detektor und **Beobachtung** der G-Wellen...*

Wieso streitet man um Endlichkeit Universums...?

Da es mittlerweile einige wissenschaftliche mit Sicherheit grenzende Hinweise auf die Unendlichkeit Universums gibt, sollte man das Universum ruhig als räumlich unbegrenzte Wirklichkeit sehen...

Die Werbung mit dem Titel „Weltuntergang!", bleibt somit unwirksam. Und was die Idealisten noch ärgert ist, dass unser endloses Universum als ein ewiges und eigenständiges Dasein gelten kann! Und wo bleibt der Gott? – Den gibt es. Allerdings in anderer Gestalt. Ein schnelles Memento mori für das „ganze" Universum verliert somit ihre Gültigkeit... Aus der Angstwerbung, welche uns auf die Knie vor dem Schöpfer (genauer gesagt Kirche) werfen soll, wird wohl nichts werden. Trotz der glaubwürdigen Messungen der kaum messbaren Raumkrümmung[41] Universums, bleiben die Theologen in ihrer Auffassung, dass die Welt begrenzt sein muss. Punkt. - Hmm...

Antigravitations-Pfanne? *– die Raum-Krümmungs-Bilder sind uns bekannt. - Die Planeten und sonstige Himmelskörper sitzen in einer gekrümmten Raum-Delle... (ohne Deckel?) Diese Zeichnungen soll man eher als eine gravitativ-energetische, und Außenlicht krümmende energetische Austauschzone, zwischen Raum und den festatomaren Agglomerationen der Materie sehen. Die hier beschriebene Hypothese des energetischen Wechsels zwischen Raum und allen Formen der gravitativen Größen, ist mehr als nur annehmbar. Universum betreibt diesen Energiewechsel (= **Zeitfluss)** schon ewig...*

Kleine Abwechslung: *- Prof. St. Hawking revidierte neulich manche früheren Thesen[42] und war endlich doch geneigt, dem Universum seine ewige gesetzliche Eigenständigkeit zu zuschreiben! - Die neue Positionierung des vor kurzem von uns gegangenen Professors, empörte die bibelfeste Welt... - Die Kommentare sprachen für sich...*

---

[41] *Messungen der Raumkrümmung Universums.*

[42] *S. Hawkings Buch: - Universum in der Nussschale.*

*Das Bedauerlichste, konnte man in dem endlich zu Recht geschlossenen Portal „**Kreuz. De**" lesen... - Ein religiöser Fanatismus auch unter uns? Für einen Beobachter des Problems wie mich, war es eine Gelegenheit feststellen zu müssen, wie katastrophal eine aktuelle Weltanschauung in manchen Gruppen der Gesellschaft ist...*

*__In Polen__ verurteilte ein Gericht **sehr hart** (Sept. 2018) einen bekannten Journalisten, für eine kritisch-religiöse Kunst-Performance... (!)*
Der Wissenschaft und dem Recht der zivilisierten Staaten verdanken wir endlich, dass heute die sog. „unblutige Befreiung der Seelen im Feuer des Scheiterhaufens" nicht mehr denkbar ist... Obwohl die Intoleranz und Glaubenskriege dort, wo die wahre Bildung auch heute noch Fremdwort ist und noch lange sein wird, weiterhin laufen...
Niemand soll das Schicksal von Giordano Bruno, welcher für eine Verneinung der katholischen Kosmologie im Jahr 1600 lebend verbrannt wurde, heute teilen... Die zivilisierte Welt ist aus dem Gefängnis der Zwangsüberzeugung weitgehend raus. Leider gilt diese Feststellung für die wirklich zivilisierte Welt...
__Wenn nicht Entropie, dann Oszillation.. Die nächste Weltuntergangstheorie...__
Universum stoffwechselt schon ewig... Könnte es auch schrumpfen?
Inhalt: - Es muss irgendwann zu derart großer Verringerung der Materiendichte kommen, wo nur ein Zusammenschrumpfen Universums, welches eine gefährliche Grenze seiner Überdehnung erreicht hatte, unausweichlich sein wird. Das Allexistente wird erneut in den ursprünglichen Zustand der komprimierten Anfangssingularität[43] zusammenschrumpfen. Wiederholt sich die Weltgeburt etwa vergleichbar? - Nicht ganz genau, dafür aber immer wieder...
*Es wird lange dauern, bis die neue Anfangssingularität explodiert und aufs Neue expandiert. - So die aktuell forcierte **Oszillationstheorie...***

---

[43] *Zustand des Universums vor dem Urknall.*

Noch in der Forschung: - Nur infolge der Explosion...?

*Weshalb soll das Urknalluniversum seine Expansion sonst noch beschleunigen? – „Das bewirkt doch die Saugkraft der angrenzenden Raumlosigkeit", hieß es noch vor Kurzem... – Hmm... - Unsinn... Oder macht das doch die schwarze Energie? - Aber neein, hört man wieder, die dunkle Energie als auch die dunkle Materie müsste doch in unserem Urknallgeschehen eher als eine bremsende, da gravitativ wirksame Gegenkraft wirken... Und wo bleibt die Antimaterie? Das sind die Fragen... Glaubhafte Antworten dazu, - gibt es nicht... Ein Urknall zwischen schon längst existenten Welten? Gute Frage... **Die engen Sackgassen oder ein** beinahe **Anstoß an Grenzen der Nachbarwelten** würde die Expansion eher bremsen... **In jedem Fall?** Die vorhandenen Räume zwischen den anderen Welten, würden eine Zeitbegrenzte Beschleunigung doch erlauben... Kann die dunkle Energie als Bremse infrage kommen? Würde uns eine Annahme des schon zuvor existenten substanziellen Raumes jeglicher Beschaffenheit die beiden Phänomene erklären? Aber nicht doch... würden hier die klassischen Knall-Theoretiker sagen... - Die schwarze Energie liegt doch **innerhalb (!)** der Urknallwelt, denn nur diese einzige Welt existent sein kann... - Man kann sich hier vergnügend genug verwirren lassen...*

Die Ehrlichkeit sollte man immer würdigen...

*Der Nobelpreisträger in Physik **Prof. R. Feynman** soll einst gesagt haben: „Je mehr ich weiß, desto mehr habe ich den Eindruck, dass ich nichts mehr weiß... Der kluge und sehr beliebte Wissenschaftler war ehrlich... Stellt sich die theoretische Wissenschaft von heute, etwa nicht die gleiche Frage in vielen Punkten der Urknalltheorie als auch der zunehmend sagenhaften Relativitätstheorie?*

*Neeein! - Man ist sich sicher, dass man recht hat! - Ist man sich auch sicher, dass irgendwann „**ein Zurück**" verordnet werden könnte? Das ahnen wohl längst viele Freunde. Aber niemand will es laut sagen. Es stünde dann wohl persönliches Risiko im Spiel, - zu viel Risiko...*

Die Problemfragen sind bekannt:

Erneut: - Ist Universum begrenzt, oder nicht? - Und was heißt das?

Wieso ist diese philosophische Frage so wichtig? Wieso streitet man gerade hier so heftig? Und wie sieht das Problem die Urknalltheorie? Die Antwort ist hier recht einfach und heißt: Eine Endlichkeit des Universums, kann nur auf sein zeitlich sekundäres Entstehen hinweisen, was auch eine Existenz und Tätigkeit eines primär existenten Schöpfers dieser Welt dringend voraussetzt. Nur die Erste Existenz kann als Dasein betrachtet werden.

Das, was man aktuell im Fach Philosophie oder Kosmologie erklärt, trotzt manchmal (gezielt?) der aktuell-essenziellen Erkenntnis...

Insbesondere dann, wenn die Yo u-Tube Erklärer ein Text vortragen, dessen Bedeutung erst auf den zweiten Blick zu erkennen ist. - Man wird den Eindruck nicht los, dass die sogar selbst daran glauben könnten!

Eine kleine Entspannung:

*Interessantes lernen? - ... über den sog. Paradoxen Beweis für die indiskutable Endlichkeit der Welt, Marke: „**Heinrich Olbers**"? - Aber bitte sehr!*

Titel: - „Deshalb muss es nachts dunkel sein"... - (leider kein Lied) ...

Text: - Wenn die Welt unbegrenzt sein würde, dann würden die fast aufeinander aufgestapelten Billiarden von Sternenlichter das dunkle Firmament lückenlos füllen müssen und den Nachthimmel laternen-stark leuchten lassen! - (Beweis-Ende) — Tjaaa... Die Nacht wäre dann aber ... - weg!

... und der Himmel würde schön sein, wie der Mond von Wanne-Eickel! ☺

Laut Herrn Olbers, beweist die dunkle Nacht, dass Universum ein begrenztes Gebilde ist... Heute zweifelt man ernsthaft an diesen gut gemeinten Beweis...

*Das Multiversum ist aber dem Olbers zum Trotz unbegrenzt... Und wieso ist die Nacht trotzdem nicht leuchtend helle...? — Eine unbequeme Frage... Könnte man hier doch die bekämpfte Lichtermüdung in Betracht ziehen...? Darf man bei Gelegenheit die schon **bekannte** Licht-Inkonstanz **erwähnen?***

☼

- Na na ... ! - Diese Häresien, erlaubt die Relativitätstheorie schon gar nicht !

THEORIE DES URKNALLS

Wie gerufen kam im Jahr 1929 das vom Amerikaner Edwin Hubble veröffentlichte Ergebnis seiner spektralen Analyse des Sternenlichtes. Diese Entdeckung bewirkte eine Ära der Auseinandersetzungen, zwischen Idealisten und Vertretern der modernen Weltanschauung.

*Die vom Herrn Hubble klar festgestellte Verschiebung des galaktischen Farben-Spektrums in Richtung Rot, bedeutete in der Auswertung eine glamouröse Schlussfolgerung! - Die Sterne und die galaktischen Konzentrationen der Materie, könnten sich durchaus vom Beobachter mit wachsender Geschwindigkeit entfernen! - Egal, in welchem Observatorium der Erde die Spektralanalyse durchgeführt wurde, endete sie mit dem gleichen Ergebnis... Erde als Mittelpunkt Universums? - Die meisten **Theologen** waren davon überzeugt...*

Die aus der spektralen Lichtverschiebung resultierende Urknalltheorie, wurde für die thomistisch geprägten Wissenschaftler zu einer schon lange erwarteten Bestätigung der Weltschöpfung Gottes...

*Der glaubhafte Urknall Gottes, geschah laut **kreationistisch denkenden** Kosmologen vor 13,7 Milliarden Lichtjahren.[44] Im weiteren evolutiven Verlauf Universums, entwickelte Gott die sichtbare Welt...*

(Was unter Vorbehalt einer realistischen Interpretation Daseins, als auch der realen Beschreibung des Urknalls, des Raumes und der Zeit, einnehmbar sein könnte).

Es entstand Leben und Denken, welches fähig ist die Existenz des Schöpfers zu beweisen. - So die Neothomisten und Theologen... Im Laufe der letzten Jahrzehnte übten die Bataillone der idealistisch geprägten Autoren Argumentationen, um diesem „klaren Beweis der Weltschöpfung" zu einer glaubwürdigen Etablierung zu verhelfen...

Die Frage: Wie konnte diese Welt rein physikalisch entstehen? - Man konstruierte schnell die weltschöpfende Urknalltheorie. - Zu schnell?

---

[44] *Mit z. B. Cepheiden-Methode bestimmte Entfernung...*

Scheinbar zu schnell, denn die aus einem Punkt erfolgte Expansion, soll eine Ersterscheinung des Raumes und der Zeit aus einem Nichts bewirkt haben... Vor dieser allerersten Urknall-Expansion, konnte es wie es heißt: „logischerweise", absolut nichts existiert haben! Ist das indiskutabel? - Nicht mal die YouTube-Professoren, die das können, was sonst niemand kann, können das überzeugend erklären. (!) Denn das axiomatische: **Es war mal sooo,** *– Ist doch keine Erklärung.*

Papst Johannes Paul..

Im Jahr 1981 hat Papst Johannes Paul im Gespräch mit eingeladenen Welttheoretiker seine Hoffnung geäußert, dass der Urknall als ein schöpferisches „Refugium Gottes" weiterhin interpretiert sein wird. Was Johannes Paul mit einem „Refugium Gottes" meinte, ist wohl nicht anders zu erklären, als „eine Schöpfung der Welt im Akt des nachgewiesenen Urknallgeschehens". - Diesem würdigen Papst sollte man (wie ich meine) seine posthume Würde nicht zerstören... Im richtigen Erklärungslicht des Weltschöpfung, könnte Er sogar recht haben... Eine Art der Weltschöpfung ist hier doch geschehen...

Der beliebte Bischoff von Rom, *war doch nicht ganz im Unrecht. Eine genauere Erklärung weshalb nicht ganz, beschreibe ich im bevorstehenden Hauptkapitel dieses Buches. Unser Universum schöpft viele Welten und ändert diese auch nach Bedarf der Physiologie seines Seins*[45]. *- Urknall war auch einer der schöpferischen Akte, diesmal des ewigen und vermutlich denkenden, aber nicht idealen Daseins... Universums der vielen sichtbaren und unsichtbaren Welten seiner Existenz. Gott in einer neuen Vorstellung? - Nicht wie in der Bibel?*

Was nun...? *- Ist Urknalluniversum, eine lokale Schöpfung des substanziellen Geistes, oder wie die* **Solipsisten** *vielleicht sagen würden: „Nur subjektive Vision einer Aladin-Lampe im Hirn Gottes*[46]"?

---

[45] *Meine Sicht des laufenden Geschehens.*

[46] *So konnte man auch den Urknall nennen.*

Die theoretisierte Anfangssingularität...

Viele Idealisten der Geschichte, folgten einst dem belgischen Priester und Astrophysiker Georges E. Lemaitre, der in den dreißiger Jahren des 20 Jahrhunderts seine Weltschöpfungstheorie im Urknall, wie es heißt, „wissenschaftlich unterbaut hat"... Nicht nur in seinem Interesse lag es, die Schöpfung Gottes wissenschaftlich zu begründen. Das kosmologische „memento mori Universums" welches irgendwann dem Urknall doch folgen soll, hat er natürlich nicht vergessen... Laut Lemaitre, wird die Raumdehnung stoppen, um wieder rückwirkend zu einem geschrumpft-komprimierten Punktgebilde zu gelangen, in dem Universum schon einst eingeschlossen war... - Und wie Sah das Alles vor noch dem Anfang...?

Es gab erst mal gar nichts, nicht mal einen Raum... - Ganz zu schweigen von der noch nicht existenten Zeit. Nur Geist des Herrn schwebte über die bis auf etwa Nullgröße komprimierten „Anfangssingularität", welche man heute als „ein komprimiertes **Protonengebilde** ohne Rauminhalt und Zeitfluss" weiterhin interpretiert. (!) - Hmm...

Zeit und Raum sollen erst mit Beginn des Big Bangs[47] entstanden sein. - Das Unglaubliche, da Unmögliche, wird stur wiederholt...

Ein „creatio ex nihilo" nachzuweisen wäre doch sehr schön, (habe ich mir mal sagen lassen) und nicht protestiert. - Denn nach einer fortgeschrittenen Auffassung des sog. „Nihilo", ist das auch geschehen...

Urknall als Creatio des **a-substanziellen** Gottes? - Man hatte minutiös „berechnet", was geschah in den ersten Sekunden, Stunden, Jahren nach dem Big Bang und was auch weiter geschehen wird. Es kamen Korrekturen in Form der sog. Inflation des Universums und Theorien der Raumdehnung mit Gefahr der Raumkolabierung unter allerdings einer **eisernen theologischen Voraussetzung**: Universum müsste dafür ein absolut einziges und räumlich begrenztes Gebilde sein...

---

[47] Des Urknalls.

Was einen Anfang hatte, muss auch ein Ende haben...

Dieser Behauptung kann man die Wahrhaftigkeit nicht absprechen, vorausgesetzt, der Grundsatz zielt nicht auf unser unendliches Universum,[48] sondern betrifft nur seine Große Formen, wie zum Beispiel Galaxien, lokale Subuniversen, oder auch unser Urknalluniversum.

Zuerst muss man aber einige Indizien zusammen verknüpfen, nicht um vermuten zu können wie das Universum uns am besten gefallen würde, sondern um zu erahnen, wie es tatsächlich aussehen könnte... In den letzten Monaten beobachtet man geheime Diskussionen, was Lichtgeschwindigkeit und Größe des Universums betrifft... Resultate? – einfach sagenhaft! - Man rechnet: - Die Entfernung bis zu den letzten sichtbaren Sternen und vergisst, dass der Raum während des Lichtlaufs zu uns, doch expandierte!

Ein Vorwort zum bevorstehenden Hauptkapitel...

Ein neues panta rhei, in der schwer zu knackender Erkenntnis?

Die in diesem Buch vorgestellte semi-philosophische Vision Daseins, ist keine atheistische Vision der existenten Wirklichkeit... Der neue Begriff „Theo-Universum" ist nicht nur ein Hinweis die hier neu vorgestellte Daseinstheorie. - Die neue Theorie, suggeriert dem Leser/in seine/ihre bislang atheistische Überzeugung erneut zu überdenken...

Idealismus betrachtet Gott und Jenseits als nicht-substanzielle Existenzen, ohne Rücksicht auf eine Sinnlosigkeit dieser Idee...

Materialismus sieht keinen Geist weder in Materie, als auch über der materiellen Wirklichkeit. Der phil. Materialismus ist somit in diesem Erkenntnispunkt abzulehnen... - Eine Existenz des idealen Gottes wirksam zu beweisen, ist auch ein Problem der Theologen, denn ein Nachweis der, die Endlichkeit Universums bekräftigenden Indizien ist fraglich... Hoffen die Kreationisten auf ein Wunder in den theoretischen Wissenschaften? – Erwarten auch diese... ein Wunder?

Erkenntnistheorien auf dem Prüfstand? – in den nächsten Kapiteln.

———————————————

[48] Anmerkung des Buchautors.

SIND DIE ERKENNTNISTHEORIEN IMMER ÜBERZEUGEND?

Päpste und Theoretiker, die sich in Glaubensfragen nicht irren sollen? Ist eine Glaubensbehauptung, welche die Lichtgeschwindigkeit als nicht überschreitbar und als konstant axiomatisiert richtig...??
Ein Axiom als „Prämisse", welcher anschließend einige sagenhaften „Schlussfolgerungen" wie: Zeit und Raum Transformationen, als auch die völlig sinnlose Zeitumkehr-These folgen mussten...?

*Wann wird man endlich wach genug, um **mutig** sagen zu können:*
Na gut... Die Zeit ist um. Das war wohl ein netter Versuch Einsteins.
Was bezwecken weiterhin die neokonstruktiven Verteidigungen der aktuell-fraglichen Theorien? - Sind diese Huldigungen ehrlich...?
Eine ähnliche Frage betrifft auch die völlig sinnlose Konstruktion der Urknalltheorie, obwohl es den Urknall als solchen, durchaus geben konnte!

Haben wir keine anderen Erfolge, die unser Selbstbewusstsein stärken könnten?
Ja, die haben wir, was uns diesmal wahrhaftig zufrieden stellen könnte..
Man entdeckt zu viele Indizien und Fakten, die Urknall und die Relativitätstheorie betreffend, viele Fragen aufwerfen. Soll man nicht jetzt über einem Schlussstrich entscheiden? - Die Vermutungen und Weltbilder Einsteins sind 100 Jahre alt... Das rechtfertigt viele Diskrepanzen, - leider nicht alle...
*Man kann ein Auge zudrücken... Was man nicht tun soll, ist ein Auge zudrücken oder sich die beiden Ohren stopfen wenn man sieht, dass die alle **mit dem aktuellen Wissen verfügenden Verteidiger**, sich gegenseitig schön artig recht geben... Man kann mir jetzt antworten: - „Nee, das musst du nicht, du musst nichts lesen und auch nicht täglich in die bunte Glotze schauen"...*
Derart Argumente der Apologeten und Analoga heute, enden unweigerlich in der künftig dringenden Rechtfertigung der fraglichen Gefolgschaft...

Das, und noch viel mehr dazu, in den nächsten Kapiteln dieses Buches...

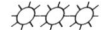

THEO-UNIVERSALISMUS

oder

UNIVERSUM ALS EIN DENKENDES DASEIN

&

Kritik der aktuellen Erkenntnistheorien

als

Alternativ-philosophische Gedanken für Abiturienten

ÜBERSICHTLICHKEIT ist immer angenehm...
Es ist für die Studierenden jeglicher Buchinhalte viel übersichtlicher, wenn die Thesen, welche als führende Essenz des Buchinhaltes betrachtet werden sollen, gleich am Anfang der freien Diskussion klar gestellt werden...

Kurzfassung:

*Das hier im Buch frei genanntes Theo-Universum, ist unser denkendes Dasein, dessen Denken nicht nach unseren Definitionen zu beschreiben ist. • Unser **lokales Urknalluniversum**, kann nur ein Bruchteil des unendlichen Raumes sein... Die erst in dem Urknall erschienenen Raum als auch Zeit, sind keine wirklich annehmbaren Ideen...*

✡

*Ein **lokaler Zeitfluss,** (der Sonne, oder Milchstraße) ist ein laufender interaktiver Stoffwechsel der Raumkonsistenzen untereinander. **Zeit ist** ein Resultat dieses Raumstoffwechsels und stellt eine Gewichtsmenge dar, welche in einem **inkonstanten** gesamt-energetischen Stoffwechsel, zwischen den unterschiedlich komprimierten Formen des Raumes entsteht und theoretisch pro Uhrzeit messbar sein könnte.*

☼

*Der **Zeitfluss und die Zeit** haben mit Lichtgeschwindigkeit nichts zu tun! Somit sind auch die Lorentz-Transformationen demzufolge sinnlos.*

☼

*Die **Urknalltheorie** ist falsch konstruiert. Der **Urknall schöpfte** nicht alles, was existent ist. Urknall war ein lokales Ereignis im ewig existenten Raum Multiversums. - Deshalb ist auch die Zeit nie entstanden...*

✡

*Kann **Energie** genau der MC² gleich sein? - Das wäre viel zu einfach... Eine plausible dessen Begründung finden Sie im Buchverlauf...*

✡

*Was bewirkt, dass die **Atomuhren je nach der Platzierung im Raum** unterschiedlich schnell laufen? - Gravitation, Energieaustausch oder Beides...?*

UNSER denkendes DASEIN HEISST: - MULTIVERSUM

Multiversum sei ein substanziell-denkender und schöpfender Raum. **Man kann es gerne Gott nennen.** *Seine Gesetze bewegen Welten seines unendlichen und ewigen Seins. Anfang und Ende sind hier sinnlose Begriffe, da diese nur auf das Endliche anwendbar sein können. Die Erkenntnistheorie Daseins soll hauptsächlich auf einer Intuition basieren. Die Wissenschaft kann nur sehr begrenzt helfen. Es gab keine Schöpfung im thomistischen Sinne. - Was wir als eine Schöpfung beobachten, ist eine* **ewig dauernde Wandlung der lokalen Räume Daseins**...*

Eines der lokalen Resultate dessen, ist wohl unser Universum, welches einst im möglichen Urknall[49] als Resultat seiner selbstgestalterischen Physiologie entstanden ist. Wermutstropfen: Die aktuell gewollte Beschreibung dieses Ereignisses ist kaum überzeugend... Eine Behauptung: - „Der Raum und die Zeit entstanden erst im Urknall", ist sinnlos und als eine kreationistisch angefärbte These zu sehen...

Ist die Urknalltheorie tendenziell konstruiert ? - *Dass könnte man in dieser Theorie verdächtigen... Prof. Hawking und die Interpretatoren wollen im Urknallgeschehen ein Entstehen von* **allem Existenten** *sehen...*

Das Existente (Universum), wurde somit als begrenzt erklärt, was eine sichere Existenz des externen Schöpfers theoretisch festigen soll. Idealisten: Eine Schöpfung Gottes muss unbedingt Grenzen haben. Denn... grenzenlos kann nur der Herr sein... – Tjaaa... Die Expansion des Universums, erfolgte laut Dr. Hawking raumbeschaffend, in einem **raumlosen und zeitlosen „Nichts"**...*Eine Expansion in einer thomistisch anmutenden Raumlosigkeit, könnte einst als eine Möglichkeit gelten, darf aber keineswegs zu einer dauernden Augenwischerei noch im 21 Jh. werden. Man dürfte sich hier berechtigt Fragen: Könnte ein Geldverdienen das alles wirklich gut rechtfertigen?*

---

[49] In dieser Interpretation wäre die Urknall-Theorie durchaus akzeptabel.

Schränkt Ästhetik unsere Erkenntnisse ein...?

Unser Urknalluniversum kann keineswegs als ein geschlossenes und dazu noch rundes Gebilde betrachtet werden... Deshalb sind sämtliche „*Messungen*" seiner Größe sinnlos... Die Expansion der Anfangssingularität verlief und verläuft weiterhin *auf keinen Fall „rund*"...

Diese dringende Vermutung müsste die Vermessungstechniker Universums beunruhigen... Unser Universum benutzte sicher, insbesondere in der Anfangsphase seiner Dehnung, alle freien interuniversalen Raumkanäle des kleineren Widerstandes, um in seiner Expansion rasch weiter zu kommen... Deshalb auch könnte seine Form an alles andere erinnern, aber nicht an eine große schöne *Kugel...* An einen *Tintenfisch?* - Weshalb ist gerade diese Idee wahrscheinlicher?

In seiner Expansion in die interuniversalen Lücken des Multiversums, konnte unsere Urknallwelt kaum eine Kugelform annehmen!

Da die Urknall-Welt laut Idealisten, eine zeit-sekundäre und raumbegrenzte Schöpfung des ewigen idealen Gottes ist, tendiert man eher zu der möglichst schönsten Form ... Und diese kann nur Kugel sein...

Universum hatte laut der objektiven Idealisten, (Thomisten) und vielen nicht klerikalen Theologen unweigerlich einen nicht nur zeitlichen, aber auch einen klaren räumlichen Anfang... - Es wurde geschöpft! - So viel Grundessenz zu der indikativen Indizienführung im theoretisch-wissenschaftlich beschriebenen Urknallgeschehen...

Aktuelle Erkenntnistheorien und Hawkings-Warnungen...

„Vorsicht mit dem Gottesteilchen! - Es kann zum Kollaps des Universums führen," - zitiert die Presse die weltweit bekannte Autorität...

Solche Visionen bewirken nur Angst vom Ende dieser Welt. - Derart Veröffentlichungen gefallen sehr nicht nur den amtlich anerkannten Glaubensorganisationen, aber auch den Führern vieler religiösen Sekten. Man soll einen Einfluss der apokalyptisch wirkenden Visionen auf die Menschen nicht unterschätzen. Es ist einfach ungesund.

Materialismus, Idealismus und die aktuelle Wissenschaft

Der phil. Materialismus betrachtet Universum als geistloses Dasein. Deses phil. System lehnt auch eine Existenz des idealen Schöpfers ab. Diese philosophisch-wissenschaftliche Theorie sieht zusätzlich keine Existenzmöglichkeit eines Denkens außerhalb der Eiweißstrukturen, was sich als fraglich erweisen könnte. Denn die Gesetze Universums nach denen alles läuft, entstanden auch nicht erst im Urknall...

Fehler? - Die gabs immer. Auch die „Weltorientierte Wissenschaft" macht aktuell einige nicht endgültig genau durchdachte Aussagen, was die Entwicklung aller mit dem Axiom der „nicht überschreitbaren Lichtgeschwindigkeit" gestützten Behauptungen betrifft. Wieso gerade das haben die phil. Materialisten der 50 Jahre übernommen?

Ein Indiz für fatale Aussichtslosigkeit der nötigen Erkenntnis...??

Ob die assekurative Taktik, für eine sichere Bestätigung der zu erwarteten Wahrhaftigkeit sprechen könnte, ist fraglich... Es könnte, einen künftigen Glaubensverlust für alle aktuell theoretisch-wissenschaftlich gepredigten Theorien und deren Prediger bedeuten...

*Bei vielen Beobachter und Analytikern des Problems, (NET) ist die merkbare Verdrossenheit der Menschen schon längst eingetreten... Eine Verdrossenheit, die nichts Gutes prophezeien kann, um hier noch mal an Nobelpreis-Träger zu erinnern, **die hingeschmissen haben,** da sie wohl eine weitere Zeitvergoldung nicht betreiben wollten...*

Einige theoretisch-wissenschaftlichen Interpretationen der z.B. Urknalltheorie, beinhalten Inkonsequenzen, welche (wie erwähnt) auf die Verwandtschaft mit den idealistisch anmutenden Theorien hinweisen... Der Urknall war keineswegs ein Anfang der ganzen Wirklichkeit. - Urknall war einer der vermutlich unzähligen, lokalen Ereignisse dieser Art im unendlichen und ewigen Raum Multiversums. Aber die Taktik der phil. Idealisten, achtet scheinbar weniger auf eine Logik der Beweismittel, sondern vielmehr darauf, was man von ihnen erwartet, und was der gutgläubige Mensch gern hören will...

Annehmbarkeit des objektiven Idealismus?

Sind Menschen bereit die einfache Vision anzunehmen? – Immer.
Der objektive Idealismus, sieht im zeitlich und räumlich begrenzten
Universum eine Schöpfung des idealen Gottes. Eine Verteidigung
dieser Idee ist zwar sehr diskutabel, was einem Glauben nicht stört...
Die einfache Vision Gottes bringt zwar den Gott-Vater einem Men-
schen näher, erschwert aber eine Vorstellung dessen, was man unter
Weltschöpfung einer emanativen Idea aus einem Nichts, zu verste-
hen ist? – Denn hier muss man schon den Garten Eden verlassen...
In der gängigen Vorstellung des Volkes, steht immer noch der Gott-
Vater, welcher nur in sechs Tagen uns die schöne Welt schuf...
Thomismus: - Hier schöpft eine substanzlose Idea, „einen Kosmos
aus dem „Nichts". - Wie? - Dieses ist natürlich ein Geheimnis Gottes...
Die Erklärung der A-Materialität Gottes und seiner idealen Macht,
kann man in der dickbuchgroßen Beschreibung in der thomistischen
Teodicea[50]. Die Studenten der Theologie müssen es lernen... Dieses
„Wissen" ist zugleich eine ernsthafte Ursache der späteren Zweifel...
Man kommt unweigerlich zum Schluss, dass Gott so ist, wie Ihn die
Kirchen, und andere Glaubensorganisationen gerne sehen wollen...
Ob man unser Dasein als Gott-Vater oder eine substanzlose Idea be-
trachten soll, muss jeder Mensch nach seiner Bildung und seiner ein-
geborenen philosophischen Intuition selbst für sich entscheiden...
Viele Menschen begeben sich in die Hände deren, die „es sicher bes-
ser wissen"... Die klerikal geübte Überzeugung stärkt bei Vielen trotz
Fraglichkeit eines derart Verfahrens, die Verinnerlichung der nicht
immer verstandene Inhalte... Aber, - Die Existenz der Jenseits-Wel-
ten Daseins, könnten nur dann real annehmbar sein, wenn die den-
kenden Neothomisten und Analoga, in Beschreibungen Gottes oder
des Himmels, auf deren absolute A-Materialität verzichten würden!

---

[50] *Theologische Gottestheorie.*

Ein kleiner Fehler der Dualisten...?

Dualisten, die (wie schon erwähnt) sowohl deren Materie (Universum) als auch den Geist (Gott) als zwei nebeneinander existente Daseins-Mächte sehen, verzichten bei Beiden sowohl auf Ursprünglichkeit als auch auf Endlichkeit. Hier war eine Schöpfung Universums weder möglich noch erforderlich. Die Dualisten nehmen keine räumlichen und zeitlichen Grenzen der beiden Wirklichkeiten an.

Die theoretisierte gegenseitige Beeinflussbarkeit[51] führt manchmal auch zu den wenig aufschlussreichen ... „akademischen Diskussionen." Sind die kontroversen Streitigkeiten um den Dualismus berechtigt? Trotzdem ja, denn schon alleine die philosophische Sicht der beiden Mächte, welche als Dasein bezeichnet werden, ist eine Denkentwicklung, welche der vermutlichen Wahrheit näher kommen könnte...

Die fragliche These lautet auch hier: - der Geist ist ideal...

Der philosophische Geist ist leider auch im Dualismus substanzlos und existiert schon ewig **neben** der ewigen Materie. Alle bislang ausgeprobten phil. Theorien, zeigen gewisse Inhalte, welche kaum ernsthaft genommen werden können, aber auch durchaus interessante Ansatzpunkte, welche auch heute nicht verwerflich sein können. Es müsste endlich eine glaubhafte Sicht der phil. Wirklichkeit im zeitgemäßen Licht des modernen Bewusstseins erscheinen...

Die hier vorgeschlagene frei genannte **theo-universale Sicht** der Problematik, bietet ein Novum, welches endlich annehmbar sein kann.

Unsere Vorstellung von der dummen Materie wurde uns lange von den wissenschaftlichen Materialisten geprägt. Und obwohl wir es ungern zugeben, fehlt uns Mut und Fähigkeit das infrage zu stellen...

Ein Denken muss nicht zwingend ein Produkt der biologischen Emanation der lebenden Materie sein... Ein Denken könnte durchaus in den sub-energetischen Denkformen Daseins (in den Jenseits-Welten) funktionieren...

---

[51] Siehe: psycho-physikalischer Parallelismus und Interaktionismus.

Es gibt keine substanzlosen Existenzen!

*Eine aktuell forcierte Behauptung der vermeintlichen „Existenz"
solch eines idealen Geistes, kann nur Ausdruck der idealistisch-phi-
losophischen Ausweglosigkeit sein... Für die Theologen ist die geschöpfte Materie vergänglich... Man vermittelt den Eindruck, eines
Verschwindens im theologisch prophezeiten Weltuntergang... Soll
die Oszillationstheorie unsere darüber Überzeugung unterstützen?
Die Umwandlung der Materie geschieht im Raum laufend, um energetische Substanzen zu liefern, aber auch umgekehrt! - Denn dort,
wo es nötig ist, kann der Raum erst Teilchen und dann Atome bilden.
„Materie ist vergänglich, alles ist vergänglich", behaupten dauernd
die Theologen, um das kosmische memento mori damit zu stützen...*
Energetische Welten *funktionieren äußerst kompliziert. In der Kompli-
ziertheit des Problems, ist es auch leichter (uns) was vorzutäuschen.
Aber energetische Räume sind niemals vergänglich... Diese sind trivial gesagt: Welten der unterschiedlich stark verdünnten Substanz.*

Theo-Universalismus und die lokale Schöpfung...

*Kann man Multiversum unter einer begründeten Annahme seiner
Ewigkeit und räumlichen Unendlichkeit, als ein göttliches Wesen be-
zeichnen? - Spricht etwas dagegen? – Ja, schon Einiges...
Unsere Traditionen in der Erziehung und Verstehen des Glaubens...
Wir leben trotzdem in einer der Raumblasen dieser substanziellen
Unendlichkeit... Sind wir etwa mit unserem hier DA zu SEIN unzu-
frieden? - In dieser Frage versteckt sich keine religiöse Doktrin...
Für viele Menschen, die es glauben in einer geistlosen Welt leben zu
müssen, könnte die hier vorgestellte Theorie Daseins, samt seiner
Physiologie (seines Zeitflusses), leicht annehmbar sein können...
Ist das Leben und das Denken im Universum als ein Resultat der reinen
Biochemie zu sehen? - So sehen es die bislang geltenden Naturge-
setze... - Könnte man sicher behaupten, dass ohne Eiweiß keine Existenz des Denkens möglich sein kann...? – Bislang tut man es noch...*

Aber die Erde musste auch sehr lange als Scheibe gelten, da man sich zu jener Zeit für nichts anderes entscheiden konnte, oder wollte...

Ist eine Vermutung eines funktionierenden Denkens in den absolut unbekannten Subenergetischen Jenseitswelten annehmbar? - Dieser Annahme widerspricht dem bislang bio-atomar Gelernten... Aber...

Kann man das längst Gelernte, als eine unbemerkte Sicht-Bremse des Neuen und Fortschrittlichen bezeichnen? - In seltenen Fällen kann man das... Somit kann die vorsichtige Antwort dazu lauten: Es gibt vermutlich viele subenergetische Welten, wo Begriffe wie: „Leben" oder „Denken", physiologisch ganz anders definiert werden müssen... Doch, doch, physiologisch... - Wäre denn das nicht eine reine Metaphysik? - Nicht ganz...

__Nicht ganz,,__ - denn ein a-biologisches Denken agiert in allen Funktionen der Welten, welche den in den Raum (Gesetzlichkeit) emaniert wurden. Diese Hypothese betrifft vor allem die komplizierte energosubstanzielle Welten des unendlichen Raumes. Diese Idee mag alles auf den Kopf stellen, was wir bislang gelernt haben, gehört aber zu Gedanken, welche in Unendlichkeit des Möglichen überlegenswert sein konnte... Keine idealistische Idee. Alles was existiert und agiert kann nur eine unterschiedlich komprimierte Raumsubstanz sein...

__Sind alle Gesetze Universums unseren physikalischen Gesetzen wirklich gleich?__

Macht sich die Wissenschaft mit dieser eisernen Behauptung die Sache nicht zu einfach? - Leider wird auch diese __Annahme__ der Theoretiker, zum nächsten __Dogma__ kreiert... Stärkt eine zum Gesetz beförderte Annahme die Erfolge der wahren Erkenntnis? – recht selten ja...

Jedes Dogma ist bequem... Man nimmt dann keine anderen Möglichkeiten mehr an... - Man braucht auch künftig nichts korrigieren und kaum was zurückzunehmen... Eine theoretisch wissenschaftliche Theorie, oder Hypothese, welche als Vermutung fraglich, möglich, oder je nach Wert der Begründung sogar wahrscheinlich sein kann, soll nicht gleich zum dauernden: „es ist so" erklärt werden...

Das dürfen nur Philosophie und Glaubenstheorien (Religionen) tun.

Trotzdem stehen einige Theorien auf axiomatischen „Begründungen". Die begleitende Liturgie und Überzeugungskraft der titulierten Autoritäten, bewirken in allen meisten Fällen eine Zustimmung der erstmal überzeugten Menschen... Ist das schlecht? – Nicht immer, Denn viele Entdeckungen begannen mit „Verdacht auf die Möglichkeit"... Die rechtfertigungsfreien Hypothesen, sind nur der Philosophie erlaubt. Nur die, darf ihre Vorstellungen beinah behaupten... Unter klaren Kautelen einer *These*, darf sich aber auch die theoretische Physik, Astrophysik begründbar positionieren. Positionieren soll zugleich nicht heißen: - trotz klaren Gegenindizien ewig stur dabeibleiben. Es sei denn, man definiert sich als... Philosophie...

Universum als ein substanziell denkendes Wesen? - (Eine philosophische Frage)
Diese Idee ist durchaus wahrscheinlich... Die gewagte Meinung setzt voraus, dass sein Leben und Denken anders definiert werden muss. Eine Existenz des Geistes in der Natur, war einst eine pantheistische Annahme... Die Vermutung, dass Multiversum im Stoffwechsel seines Seins denken kann, ist in der Philosophie neu. - Ein „parasympathisches" Denken, und Handeln könnte vorstellbar sein... Im Gegensatz zu dualistischer Vision der Wirklichkeit, existiert der Geist nicht neben Universum, nicht über diesem, sondern im Universum.
Theo-Universum selbst sei ein substanzieller Geist, welcher seine Physiologie schon ewig betreibt. Universum und sein Zeitfluss sind EINS. Aber die These wird erst dann konsequent, wenn wir dem universalen Geist eine *A-Materialität absprechen* und eine substanzielle Kraft unserem monistischen DASEIN „gestatten"... Universum ist im Grunde ein subenergetischer Geist, der in sich selbst jede Wandlung seines Raumes bewirkt. Ob diese ewige Handlung *ausschließlich* der notwendigen Reproduktion seiner Räume dienen soll, ist eine gute Frage... Keine Frage ist der dabei laufend entstehende Zeitfluss, welcher ein dauerndes Resultat der pausenlos gewechselten Energien ist...

ERKENNTNISTHEORIEN und die... Erklärer dieser Welt...

Der Glaube an eine höhere Kraft ist eine Vorahnung deren Existenz. Störend ist lediglich eine dauernd geübte, anleitende Zwangsführung, welche die Kirchen und Sekten immer im Diktat durchsetzen versuchen... Jede Beschreibung der anthropomorphischen[52] Vorstellung Gottes, ist nicht allen Menschen überzeugend genug... Deshalb auch ist die Bibelversion Gottes nicht für alle glaubhaft genug... Viele gläubigen Intellektuellen bleiben deshalb am Thomismus hängen.

Religionswissenschaft? - *Man kann im Westen nur schwer von einer völlig unabhängigen Religionswissenschaft sprechen, da viele Buchautoren die Implikationen der Staat-Kirchen-Symbiose recht gut einschätzen können. Bleibt etwa deshalb der ontologische Inhalt des Begriffes: „Gott als Idea" nur für idealistische Philosophen und die Intellektuellen vorbehalten? Eine Möglichkeit der wahrhaftigen Aufklärung, funktioniert selten, obwohl auch jeder denkende Mensch von heute, eine gut konstruierte Aufklärung verinnerlichen könnte...*

Zum Dasein:

Das nur teils sichtbare Universum schwebt vor unseren Augen...

Die lokaluniversalen, expansiven Dimensionen kann man heute samt der kosmischen Hintergrundstrahlung sehr gut beobachten...

Auch die unsichtbaren Jenseitswelten werden vielleicht in der Zukunft indirekt sichtbar sein können, wenn die Erkenntniswerkzeuge und Methoden der künftigen Epistemologie das ermöglichen... (?)

Die heute angegebene Größe des ganzen Universums ist die lächerliche Blamage einer wissenschaftlichen Vorstellung! - *Ähnliches Urteil betrifft die dauernd laufenden Anpassungen und nachholenden Aktionen, welche als die vorüber geltenden Korrekturen der fraglichen Behauptungen zu bezeichnen sind... De facto ist nicht mal unser Urknall-Universum ermessbar, da seine Form alles andere als eine Kugel sein kann...*

---

[52] *Gott als eine menschenähnliche Person.*

Man könnte hier fragen: sind die Messungen der Größe Universums sinnlos? Hmm... Na wenn man nichts Besseres zu tun hat, kann man auch das machen. - Es beseitigt die Apathie und vermindert Frust... Wir existieren in einer lokalen Raumblase Daseins, welche vermutlich nach einem möglichen lokaluniversalen Urknall entstanden ist. Diese Blase ist **nicht rund** aber auch nicht platt wie eine Schallplatte... Ich enttäusche hier viele Ästheten und manche ernsten Theoretiker... Die initiale Phase des wohl nur einige Sekunden dauernden Anfangs einer Raumexpansion unseres Lokaluniversums, erklärt den Kosmologen die homogene Verteilung der Materie und die etwa gleichmäßig verteilte Temperatur der lokalen Schöpfung Daseins...

Die anderen Denker behaupten, dass die inflationäre Phase, (eine rein theoretisch implizierte Phase) noch weiterhin andauert[53]. Alles könnte man noch dulden. Aber nicht die Anfangs-Idee des Raumes und der Zeit... Die vermeintliche Grenzen Universums sind ohne Zweifel nur die aktuellen Sichtgrenzen der modernen Teleskope...

Hypothetische Funktionen? - Der universalgesetzlich gesteuerte Aufbau der grobsubstanziellen Formen, verläuft im Raum Daseins permanent inkonstant... Ebenfalls dauernd inkonstant, verläuft ein Abbau der atomaren Materie zu Energien, Urstoffen und Gravitationen.

Dasein denkt... - Leider nicht nach unseren Definitionen. Seine Physiologie kann wohl **nicht in eine Weltformel** eingeschlossen werden, welche man dauernd seit Jahrzehnten vergeblich zu schöpfen versucht...

Philosophische Frage: Sind die Raumänderungen[54] der unendlichen Dimensionen Daseins, eine Funktionsnotwendigkeit oder eine fantasievolle Schöpfung? - Das kann unwichtig-diskutabel sein... Wichtig für uns ist, dass die Wandlungen in allen Formen des unendlichen Raumes laufend stattfinden und autogesetzlich reguliert werden...

---

[53] *Prof. Alexander Vilenkin. Tufts-University Massachusetts.*

[54] *Materielle Verschiebungen auch komplizierter Art.*

Unser Dasein, ist ein substanzielles „Hirn", in dem wir existieren. Hier sind die Vorstellungen erlaubt. Die Denkmechanismen Daseins erlauben keine Parallelen... „Das Hirn Daseins" ist wohl das Dasein selbst... Die anthropomorphische (menschenähnliche) Vergleiche seiner Physiologie und Verhaltens sollen ausschließlich einer bildhaften Vorstellung der nicht immer leichten Problematik des Raumes dienen... Das Sichtbare und Feststellbare als auch die unterhalb jeglicher vorstellbaren wissenschaftlichen Erkenntnis existente Rauminhalte und Raumfunktionen, müssen der Empirie (hier nur kleine Teilerfolge) und durchaus der intuitiven Erkenntnis überlasen werden. Denkfähigkeit Universums? Hmm... Es ist eine immanente Fähigkeit Daseins, seine Belange selbst zu regulieren. Eine Konsistenz in welcher die feste Materie (Energie-Reserve) „schweben kann"...

__Die Expansion des lokaluniversalen Urknalls__ bestätigt, dass die energetischen Reserven des unendlichen Raumes (= Daseins) bedarfsgerecht kumuliert oder auch (z.B. im Urknall) befreit werden können. Diese sichtbaren Tatsachen z.B. -Super Novas, kann man heute nicht mehr leugnen... Die Hauptbehauptung der im Urknall geschöpften Welt, ist plausibel. Ein Glaube, welcher den Urknall als ein Entstehen vom All-Existenten, samt Raum und Zeit beschreibt, muss man kategorisch ablehnen. – Diese Fantasien erzählt man nicht ohne Grund... Die interaktiv frei diskutierten Probleme der Erkenntnistheorien, wie Relativitätstheorie oder Urknall Theorie, würden uns gut bilden können, wenn die Wahrheit, einen Vortritt bekäme... Geht das? Es geht neulich doch... Man bezeichnet die absolute Lichtgeschwindigkeit doch langsam als Axiom, aber zugleich als eine Naturkonstante! Wie man sieht, manche wissenschaftlich-theoretische Beiträge, welche der Bildung eines jungen Menschen dienen sollen, und welche optisch sehr habilitativ wirken, unterscheiden sich methodisch nicht viel von den Kanzelvorträgen in der Kirche... Man braucht aber im 21 Jahrhundert schon etwas mehr als nur „ein Wort zum Sonntag".

Ein neuer Hit der aufklärenden Wissenschaft...?

Myonen sind Teilchen, welche etwa 10 km über der Erde, in der kosmischen Höhenstrahlung entstehen, und schon nach etwa 600 Meter, (da nur diesen kurzen Weg erlaubt ihre genau bekannte Lebenszeit) des lichtschnellen Fluges in Richtung Erde, zerfallen müssten! Myonen fliegen trotzdem 10 km weiter und erreichen nachweislich die Erde! - Hmmm...

....

Ist dieser Flug schneller als Licht? - Und gerade das darf nicht erlaubt sein. Man fand diesmal die längst bekannte Erklärung... Erklärung welche lautet: „Diese Teilchen als Bezugsysteme, können für sich selbst, die Zeit dilatieren und den Raum kontrahieren!" - Wird das jetzt Standarderklärung?

Was sagen dazu die Wissenschaftler des Genfer OPERA Experimentes?
Die haben jetzt Hemmungen egal was zu sagen... - Schuld ist der Kabel...
Die amtlichen Überprüfer, die mit den anderen Detektoren das Experiment wiederholt haben, und die natürlich eine „Übereinstimmung" gemeldet haben, müssten unbedingt die **Wirkung der Lorentz-Transformationen** berücksichtigen, - was nicht geschehen ist! Und das nicht ohne wichtigen Grund... Man hat wohl vergessen den Genfer-Neutrinos zu erlauben, ihre Zeit und Raum von Genf nach Gran Sasso auf beinah Nullwert zu transformieren...
Die Myonen-Mathematiker haben diese rettende Idee ergriffen. Wieso ist man in Genf darauf nicht gekommen? - Ach, - weil die Transformationen nur im senkrechtem Flug gelten, - und im waagerechten nicht mehr? 😊
Wieso konnten die lichtschnellen Neutrinos „als Bezugssysteme" sonst noch die Entfernung von Genf nach Gran Sasso, nicht nach Lorentz& Einsteins Willen kontrahieren und die Zeit nicht mal im Ansatz dilatieren? – Hmm...
Weil die Lorentz Transformationen in der Schweiz nicht funktionieren? 😊
Weil man etwa Angst hatte (*im Fall der gemessenen Überlichtgeschwindigkeit dieser Teilchen*) vor Verschwinden Neutrinos in der Zukunft? Deren wohl überlicht-schnelle Reise, endete trotzdem im zeitgenössischen Gran Sasso!
Ein überlegenswertes Indiz für Sinnlosigkeit der fantastischen Zeitumkehr-Theorie...

Und was ist endlich mit der dreifachen Lichtgeschwindigkeit im Cäsium...?
*Diese wurde schon **vor zwölf stillen Jahren** indiskutabel nachgewiesen!*
Hat man die Veröffentlichung dieser Entdeckung etwa verzögert...?
Denn richtig bekannt, wir diese überlichtschnelle Leitung erst jetzt...
Wissenschaftler: Es ist bloß... eine Stufe der Lichtgeschwindigkeit...!
***Kritisch:** - „Na jaaa, wenn die Lichtgeschwindigkeit im Cäsium drei-*
*mal schneller läuft als im Vakuum, - ist es immerhin nur eine **Licht-***
***geschwindigkeit**, wenn auch etwas schnellere". - Nicht so wichtig...*

☼

Informations-Transport Ära mit mehrfacher Lichtgeschwindigkeit?
Das könnte die Zukunft revolutionieren! – könnte man vielleicht hof-
fen. Leider scheint das manchen Interessen nicht ganz zu schmecken.
Einer der sehr bekannten Verteidiger: - Stück Cäsium als Informa-
*tionstransporter? - Das ist noch **lange kein Informationstransport**! Um das*
*sagen zu können, müssten schon **einige Felder** transportiert werden!*

☼

***Analog resonierend:** Einmal aus der Küche zum Nachbarn telefonieren,*
reicht nicht, um das als Informationsübertragung zu bezeichnen! Dafür
müssten erstmal gleichzeitig alle Bürger Berlins mit Paris telefonieren!

☼

***Oder:** Lichtgeschwindigkeit ist eine Natur-Konstante, aber nur im Vakuum!"*
Und wofür ist das gut? - Ist unser Naturraum etwa ein Vakuum? Ein-
stein definierte diese nicht nur im Vakuum, sondern in der Natur des
Raumes. - Die notgedrungenen Einschränkungen laufen erst jetzt...

***Da der real-variable Zeitfluss,** einem ebenfalls variabel laufenden multiener-*
getischen Umsatz der Raumes entspricht, was wie ich meine mit Lichtge-
schwindigkeit nichts zu tun hat, - sollte man dieses C--Axiom, C-Konstanz-
Axiom, Raumzeit, als auch die Zeit und Raum Transformationen als: „The-
orien im schöpferischen Geiste der vergangenen Zeit" sehen...

Materie ist Raum und Raum ist Materie...

Ein Stück Blei ist ein Stück des (komprimierten) Raumes! - Die Erde ist Raum, Sonnen sind Räume, ein Atom ebenfalls, ebenso wie die Elektronen Protonen und Quarks. In der komprimierten Anfangssingularität war in vorexpansiver Erwartung, ohne Wenn und Aber ein Raum! Die Gegenbehauptungen muss ich, obwohl es mir leidtut, als ein idealistisch geprägter Unsinn bezeichnen... Was zwingt die Menschen an „Existenz" der Raumlosigkeit zu glauben? - Wissenschaft?

*Die sog. zwischengalaktische Leere ist keine Leere... Die Bildung der uns Materie (Teilchen) findet laufend im Vakuum, als auch im multienergetischen Raum Universums statt. - Die „Nihilierung"[55] der Festen Materie erfolgt u.a. in vielen **Drehkanälen** der schwarzen Löcher, in Bedarfs-Explosionen der Supernovae, Gammablitzen, usw.*

Also in unzähligen Orten, welche in der zum Teil sichtbaren Physiologie der Unendlichkeit, für ewige Reproduktion des Raumes essenziell zu sein scheinen. - Unser Wissen darüber ist leider noch klein...

*Ein Raum ist eine Substanz, welche nach einem lokalen explosiven Druck, verdichtete Wellen erzeugt, welche noch Lichtjahre entfernt registrierbar sein können. Man kann die beliebig nennen. Verstärkt die Trägheit dem expandierenden Urknalluniversums lokale Gravitation? Entstand die Gravitation **erst mit dem Urknall**? - Eins sei sicher:*

Kein Urknall *würde ohne die extern existenten Gravitationskräfte, im schon längst existenten substanziellen Raum, geschehen können...*

Reproduzierbarkeit Daseins, als Kern seiner Physiologie...

Die autoregulierte Physiologie des unendlichen Raumes ist nicht mal im Ansatz überschaubar... Obwohl ein Vergleich zu dem Stoffwechsel in unseren Körpern, nur vorstellungshelfend gezogen werden könnte, funktioniert die Physiologie Daseins weitaus komplizierter.

---

[55] *= Verschwinden... Ein alter Begriff für Energetisierung der atomaren Materie...*

Im Körper des Menschen leider uhrzeitbegrenzt, da die Physiologie samt den reproduktiven Vorgängen, wie Genetik, Abfallverwertung und Müllbeseitigung, altersbedingte Grenzen haben muss... Multiversum existiert ewig, da es seine Welten dauernd reproduzieren kann. Die mögliche Oszillation der Welten (siehe Text) gehört dazu... Die Aufbauvorgänge Universums sind sichtbar. Die laufende Katabolie[56] ebenfalls. In den schwarzen Löchern, oder lieber gesagt, in den Umwandlungsorten für feste Materie, energetisiert sogar das Subatomare. Die entstandenen Energien werden zu Subenergien umgewandelt. Diese zerfallen weiter in noch unbekannte Konsistenzen des Raumes... Anderenorts entstehen wandelbare Subenergien, Grundenergien und Transportwege, welche in den anderen Raumdimensionen Daseins, ihre gesetzlichen Aufgaben erfüllen werden...

Weltentstehen aus dem Nichts? - Hmm... — Diese Behauptung kostet nichts...
Ich versuche hier, eine fast „häretische Vorstellung" Daseins zu beschreiben und traditionelle Erkenntnisresultate kritisch zu theoretisieren... Ein vollständiges empirisches Erforschen der Macht in der wir leben, ist leider nicht möglich... – Die Teilerkenntnisse schon...
Man soll sich in der philosophischen Wertung, auf die mit Wissen begründete Intuition verlassen. Diese Symbiose ist unverzichtbar.
Die wissenschaftlichen Erkenntnistheorien Daseins, können nur Indizien für das Wahrscheinliche anbieten... Deshalb soll eine Vermutung: dass Dasein in dem wir existieren, eine denkende Substanz sei, welche in der ewigen energetischen Bewegung seine Intelligenz ausübt, nicht bekämpft werden... Eine Sicht der funktionierenden Intelligenz ist hier keineswegs neurobiologisch... - Ein Störfaktor?
Alles was existiert, bewegt sich. Ist die Bewegung eine Zwangsart der Existenz Daseins? - Diese nicht selten gezielt gestellte Fangfrage ist natürlich sinnlos... Die einst gern diskutierte Mojra ist out...

---

[56] *Abbau. Z. B. Energetisierung.*

Die wahren „Ermittler" der Weltraumgröße...

Die Welt sei 13,7 Milliarden Jahre alt und laut „Fachpresse", auch 13,7 Mrd. Lichtjahre Groß, in allen Himmelsrichtungen gemessen. Kann man aus der Tatsache, wo man von verschiedenen Messpunkten der Erde immer den gleichen Radius-Wert ermittelt, schließen dass die Urknallwelt **rund sein muss**? – Einstein glaubte daran....

Diese Logik würde aber nur dann stimmen, wenn man **sicher** sein könnte, dass man von der im Zentrum Universums hängenden Erde, die Grenze des kugelgeformten Universums erreicht hätte... Ist man sich dessen sicher? – Na was die Kugelform betrifft, - Tod sicher! ☺

Kommentar: - Man muss ganz sicher sein, denn sonst wären jegliche Messungen des Weltraums, die auch Geld kosten, völlig sinnlos ...

Was aber, wenn die technischen Messinstrumente und Methoden aufgrund **ihrer beschränkten Reichweite**, eine nur die 13,7 Mrd. Lichtjahre entfernte „End- Station-Grenze" zeigen können...? – Hmmm...

Es blitzte *zeit-dilatiert* in den zentralen Synapsen der Ermittler... Die letzten sichtbaren Strukturen zeigen uns 13,7 Mrd. Jahre altes Bild. Aaaaber... - **Während des Lichtlaufs zu Erde, expandierte Universum weiter...!**

Nun, - wie groß ist denn unser **Urknall-Universum** wirklich? - 🙀 - ?

Die einzig wahre Antwort muss leider heißen: - **Man weiß es nicht**...

Womit ist diese fast professionale Verwirrung sonst zu erklären? Mit mangelhaftem Denken der Theoretiker? - Mit einer nicht ganz ausgereiften, oder doch mit Wissen gedämpften Intuition? Denn: Auf die hier einfache Antwort ist man nicht gekommen! - Die gleiche Verwunderung könnte man der aktuellen Zeitvorstellung schenken... Einer Art ... Uhrzeit, welche einem Reisenden je nach seiner Reisegeschwindigkeit mal kurz, oder auch länger werden könnte...

Leider steckt die Überzeugungskraft der Hauptbehauptungen, nur in den mathematisch errechneten Vorstellungen, was noch in den 50 und 60 Jahren für viele glaubhaft war... Und wie ist es damit heute?

*Eine Realisierung vieler Theorien im Sinne eines empirischen Nachweises, gelang nicht mal im Entdeckungsfall des Higgs Bosons, (Original-Name: **gottverdammtes Teilchen),** obwohl die Kommentare auch hier, eine empirische Beweisbarkeit suggerieren... Wenn es auch so sein könnte, Wäre auch das **eine in-konstante Interaktion?** – für mich JA. Es läuft inkonstant, wie alles im Universum. Machen sich die unermüdlichen Betreiber des Kontinuums unter dem vorgeschlagenen Namen: „Alles-Richtig-Und-Weiter-So", weiterhin nur Freunde?*

☼☼

Schon junge Denker sehen Inkonsequenzen und einfache Denkfehler. Beispiele: - Gott hat im Urknall eine in Zeit und Raum begrenzte Welt geschöpft. An der klerikal-wissenschaftlichen Bestätigung dieser Kreation aus dem punktuellen Nichts, tüftelt man heute noch...
Viele der, wohl idealistisch geprägten Wissenschaftler und sonstigen ähnlich denkenden Publizisten, veröffentlichten in der Beschreibung des Urknalls, viele diskutabel wirkenden Argumente für diese „wissenschaftlich bestätigte Schöpfung Gottes", welche bis heute lautet:
Am Anfang gab es eine Anfangssingularität, *welche in einer undefinierten Form des raumlosen Punktes auf ihre Erlösung wartete, bis es dem lieben Gott zu langweilig wurde. (Ähnliches steht in Bibel.)*
Erklärungen, welche einst als glaubwürdig galten... – Und heute?
Heute verwickelte man sich während der weiteren Erklärungen der Anfangssingularität in einige, kaum überwindbare Widersprüche. Und das aus dem habilitierten Mund Eines, der ... alles Weiß...
Eine fragliche Resonierungsweise boten uns auch die Autoritäten:

****

St. Hawking: *- „Erst der Urknall schöpfte den Raum und bewirkte den Lauf der Zeit"... Viel später hat unser Professor im eher **fraglichen Resonieren** auf den Schöpfer dieser Welt verzichtet... – Begründung:*
„Da es vor dem Urknall nichts gab, konnte es auch Gott nicht geben..." *- Hmmm..*
Suggerierte Er hier mit dem Satz indirekt, die Sinnlosigkeit seiner Urknalltheorie?

Wie raumlos war die Anfangssingularität wirklich?

Diesen **Denkfehler** hat man einst mit „Erfolg" eingebaut. Denn unter einer Betrachtung des „Urpunktes," welcher später zum Tennisball „vergrößert wurde", erscheint die Frage der Raumlosigkeit diskutabel... Manche Presseartikel waren sogar mit einer Größe der Erde einverstanden, **bis man** nach gewissem Zeitlauf **merkte**, dass gerade diese Idee, den Hauptkern der Theorie, peinlich gefährden könnte...

☼

Man ruderte schnell **zu einer Punktgröße zurück**... - Da ein Punkt eben keine räumlichen Parameter hat, glauben viele Gymnasiasten, Apologeten, und leider auch manche der mit Habilitation betitelten Akademikern, dass die Welt sooo eigentlich... - **ex Nihilo** entstand...
Man folgte wohl der kreationistischen Idee. Die Frage wäre nur: Weshalb? - Denn am Ende verzichtete sogar selbst Herr Hawking auf die Causa Finalis und verneinte die Möglichkeit ihrer Existenz.

☼

Also? - Eine voll zusammengebalte Protonenmaterie als **Nuss in der Nussschale**? - Diese schöne Übergangslösung von Herrn Hawking, könnte nur als ein Versuch der Versöhnung zwischen Theologen und der Wissenschaft gesehen werden... Diese versöhnliche Lösung schilderte Hawking den damit nur halbwegs zufriedenen Theologen...

☼

Könnte man Hawkins **„Kern in der Nussschale"**, als **Welt in der Energiewechselschale des Raumes** interpretieren dürfen, - so könnte man die weltbekannte Vision des Professors **völlig akzeptieren!** Die Urknallwelt in: Hawkings Energiewechsel-Schale... Klingt denn das nicht toll?

☼

Ich könnte wetten, dass Hawking an „substanzfreies NICHTS" kaum glauben konnte... Aber, wie das Leben so spielt... Erst nachdem man die Hochwürden beruhigt hat, wird man selbst in Ruhe gelassen...

Zeit und Raum erst im Urknall entstanden?

*Unsinn! - In der Anfangssingularität einer egal welcher Größe, befand sich sicher ein energetisch und gravitativ beweglicher Raum und somit lief hier, und zwar **ohne Wenn und Aber** der Zeitfluss! Dieser wirkliche Zeitfluss bleibt **nicht** an der C-Grenze stehen. Dafür müsste alles im Universum stehenbleiben! Die sich lokaluniversal entwickelte Anfangssingularität, wechselte dauernd eigene Energien mit der schon ewig existierten energiereichen Umgebungs-Schale...*

Es dauerte lange, bis die Befreiung des komprimierten Raumes gekommen ist. - Im klaren Raum der Anfangssingularität herrschte eine riesenhafte interaktive Kommunikation und ein massives „Inhalieren" des Außenraumes... Diesen Vorgang soll man bei alle Atomaren Konsistenzen (bei einzelnen Atomen angefangen) vermuten.

Die energo-gravitativen Interaktionen in der und um die Anfangssingularität, bedeuteten einen energetischen Umsatz und das heißt: Einen gewaltigen Zeitfluss, welcher hier besonders lange lief...

*Diese Beschreibung stellt die „amtliche Theorie" über Entstehung des Raumes als auch der Zeit radikal infrage... Leider in der „amtlichen" Sicht der Anfangssingularität, huldigt man lieber der raumlosen und zeitlosen Punktraum-Theorie. Den Urknall selbst, beschreibt man als Geburt des Raumes und der Zeit... Behauptungen, welche heute nur als ein **blamierender Denkfehler** bezeichnet werden können...*

Die gegen Kritik gerichteten Proteste der Urknall-Theoretiker, können nur einen rhetorischen Glanz haben, denn mit einer sinnvollen, und sachlichen Selbstverteidigung, haben diese wenig zu tun...

*Einem unabhängigen Denken folgend, muss man doch annehmen, dass unser **Urknall, lediglich ein lokaluniversales Ereignis** gewesen sein konnte, welches als eine Druck-Expansion des komprimierten Raumes in die schon ewig existenten, **inter-universalen Räume** (Räume zwischen den Welten) ihren Druckentlastungswegen folgen musste...*

Die Urknall-Expansion musste doch alle freien interuniversalen Räume nach dem Prinzip des kleinsten Widerstandes optimal benutzen...

Eine Idee der absoluten Raumlosigkeit in der Anfangssingularität, widerspricht der kernphysikalischen Vorstellung und beleidigt die Intelligenz. - Eine Verbreitung eines derartigen Glaubens, obliegt eher der Glaubenskompetenz der Kirche... Wieweit theologisch wirkt die Beschreibung der Urknalltheorie? - Diese Frage ist hier nötig... Ganz schlecht kann auch derart Diskussion nicht sein, denn die Gegensätze bewirken nicht selten ein Entstehen der neuen, durchaus revolutionären Ideen... - Ganz ähnlich kommentierte neulich den politischen Streit unsere Bundeskanzlerin, allerdings ohne die wahre Quelle dieser weltbekannten Meinung (Dr. Karl Marx) klar zu erwähnen...

Der Papst aus Krakau und Sein Refugium Gottes...

Die hier vorgestellte theo-universalistische These ist nicht im Geringsten atheistisch, obwohl das Verständnis der Gottesschöpfung hier, von den populistisch-religiösen Theorien deutlich entfernt ist...

Anders formuliert: Unser Urknall konnte lediglich ein ganz kleines Raum-Refugium der theo-universalen "Physiologie" Daseins gewesen sein... Oder auch anders: ein päpstlich erhofftes Refugium Gottes... In seinem unerschütterlichen Glauben daran, hat sich der beliebte Bischof von Rom, nicht sehr wesentlich geirrt...

Es war ein Refugium Daseins... Refugium des universalen Geistes, obwohl dessen Wesen kaum den biblischen Vorstellungen ähnelt... Unser Urknall war im Lauf der Geschichte Theo-Universums einer der sehr vielen ähnlichen Ereignisse im ewigen Raum Daseins. Die Schöpfung der Welten als auch Energetisierung der Welten, verläuft nach Bedarf in den anderen, für unsere Erkenntnis nicht erreichbaren Räumen Daseins. - Mini-Urknalls gibt es auch... recht häufig...

Minikatastrophen, Kollisionen, Supernovae usw... - Ob die alle Explosionen uns gleich Gravitationswellen senden müssen? ... ✆....?

Was ist denn endlich das idealistische „Nichts"... ?

Man könnte sich wirklich wundern, wie umfangreich die „Literatur"
über die Erklärung eines „Nichts" sein kann... Es geht hier keines-
wegs um die Semantik und Etymologie des Wortes. - Vielmehr geht
es um eine Erklärung einer in diesem Begriff „enthaltenen Essenz"...
Aber ein „Nichts" kann doch keine substanziellen Essenzen enthal-
ten... Andererseits weiß man, dass: - „Vom Nichts kommt Nichts"...
Laut Theologen, schuf der Gott „daraus" die ganze Welt! – Was nun?

In westfälischem Münster *(Wilsberg-Stadt), wurden die Diskussionen*
über „Nichts" zu einem Beweis der intellektuellen Schlagfertigkeit...
Ein „existentes Nichts" ist im idealistischen Sinne der diskutierten
Bedeutung insbesondere für Theologen sehr wichtig... Deshalb ist es
eines Versuchs wert, sich ganz ernsthaft zu überlegen, ob „Nichts"
wirklich nur „Nichts" ist, oder vielleicht, doch zu einem ideal-theolo-
*gisch ungewollten „**Irgendwas**" degradiert werden könnte...*
Für die Theologen, ist eine Weltschöpfung aus dem Nichts ein Glau-
bensaxiom. - Das steht doch schwarz auf weiß in der Bibel... Punkt.
Ein unerklärbares „Nichts" wurde also zu einem geheimnisvollen,
und wohl durchaus existenten Mysterium geworden. - Hmm...
Ein existentes Nichts als unerklärbares Phänomen der Philosophie?
Da wir Mysterien gernhaben, sehnen wir uns nach dem Geheimen
und Ungewöhnlichen. - Wieder ein Mysterium? Und schon schreien
die Zeitungen und schon berichtet die Glotze... (nur die Quote zählt)
*Nun, - was machen wir jetzt mit der **Weltschöpfung** aus dem „Nichts?*

Kann denn uns endlich einer sagen, was ein Nichts ist?! - Hmm...
Ich versuche es: - So ein Weltbaustoff, wie ein absolutes „Nichts",
gab es nicht, gibt es nicht und wird es niemals geben...
*Denn: - Dieses „**Nichts**" - ist und war immer ein: „**Irgendwas**" gewesen.*

Verliert die theoretische Wissenschaft bald die Fans?

*Eigentlich eine doofe Frage... Aber bei näherem Betrachten dessen, was unsere Sender uns ab und zu ausstrahlen, muss man sich diese Frage stellen... Die schon hier erwähnten Sendungen zum Thema: Kosmos, lassen uns glauben, dass alles, was die namhaften Wissenschaftler erzählen, ernst genommen werden müsste... Auch hier scheint die Einschalt-Quote eine primäre Rolle zu spielen. Ganz zu schweigen von You-Tube, wo manche Wissenschaftler versuchen uns das unmögliche als möglich zu erklären. Die Urknalltheorie und die Relativitätstheorie, werden dank einem widerspruchreichen, um nicht zu sagen: unfähigen Abweisen der neuen, gegen die beiden Theorien sprechenden Indizien... Man gewinnt in vielen Fällen ein Gefühl, die eher verzweifelten Darbietungen betrachten zu müssen... Und wenn eines Tages eine Überlichtgeschwindigkeit uns alle erleuchtet?? - Na gut... - Es gibt auch Mühltonnen und Reißwölfe... Man kann dort das nicht mehr Geltende unauffällig beseitigen... ☺ Auch wenn eines Tages die Relativitätstheorie zusammenbrechen soll, ist das noch kein Grund, um in eine depressive Resignation zu verfallen... Werden dann die **Theoretiker**, die viele Menschen lange in den dunklen Wald geführt haben, nur als Versager bezeichnet? Unwichtig... Werden die **Apologeten**, deren Beiträge zu Verteidigung der UT und der RT bekannt sind, als eine nur irrtümlich „unter die Räder geratene Opfergemeinschaft" fungieren können? - is egal...*

Werden die weiteren Professoren auch ihre Handtücher werfen?

Das hoffe ich nicht... - Denn unabhängig (auch von meiner) Nicht-Immer-Zufriedenheit, **brauchen wir diesen Streit**. – Die Kritik belebt auch die Wissenschaft und bringt oftmals neue, gut realisierbare Resultate... Deshalb soll man es recht vielen Gymnasiasten von heute, die einige der oft bedauerlichen „Begründungen" in Ausführung der bekannten Welt-Theoretiker von heute schlecht verinnerlichen können, nicht übel nehmen... – Denn Fortschritt entsteht auch im Streit...

DIE BISLANG-ERKENNTNISSE... *in ganz neuer Sicht...?*

Ein begrenzter Raum kann auch eine unklar definierbare Dimension der sich bewegenden Materie sein... Ein baumartiges Gebilde, Wolle Ball, oder Krake... - Diese alle Formen sind Raumformen...

• Alle fest-atomaren Formen der Materie sind komprimierte **Räume.**

• Die schwarzen Löcher könnten als stark komprimierte Räume gelten, wenn die aktuelle Beschreibung dieser Materie-Umwandlungsorte zutreffend wäre... - Gibt es unterschiedliche „Sorten" davon?

• **Die Anfangssingularität** existierte, aber als ein komprimierter **Raum...**

• Der Raum Multiversums und seine Zeit sind niemals entstanden!

• Die stark komprimierten Räume können expandieren, nachdem es die Bedarfsgesetze Universums infolge einer z.B. Gravitationsunterbrechung oder Unterschreitung ihres Wertes „herausfordern"...

• Ein „Nichts" gab es auch vor dem Urknall nicht. - Das, was im endlosen substanziellen Raum ewig existiert, sind unzähligen Raumformen der dauernd wechselnden **Anatomie Daseins.** Welche Raumformen möglich oder nötig sind, bestimmen seine ewigen Gesetze...
Diese Gesetze, werden vermutlich nicht überall im Universum gleich unseren Gesetzen endsprechen, obwohl die Wissenschaft das (nicht ohne wichtigen Grund) fast **dogmatisch behauptet**... - Bequem ises...

• Das Allexistente (phil. Dasein) kann seine reproduktive Physiologie selbstgesetzlich steuern... - Leben wir in einem denkenden Raum? Woher kommen die eisernen Gesetze des Raumes? Etwa von alleine?

• Die immer gern gestellte Frage: „Was war vor dem Universum da?"... ist **sinnlos**, da ein denkendes Universum schon ewig existiert. Nur für die Idealisten (Theologen) ist hier die Antwort klar:

Es gab nur den Schöpfer... – So einfach lautet hier die klerikale Antwort. Sollte man ein Ergebnis des Urknalls, als ein Entstehen eines lokalen Universums interpretieren, so ist die Frage nach den benachbarten Welten nicht nur berechtigt, sondern auch **nötig**. Will man das nicht?

• *Die* **wissenschaftlich gewollte** *physikalisch-gesetzliche* **Gleichheit** *in der Physiologie aller Welten Multiversums, ist mit Vorsicht zu genießen. In den unbekannten Welt-Räumen können andere Gesätze wirken...*

• *Man kann während der Lektüre der aktuellen Verwirrung, zum Schluss kommen, dass die widersprüchliche und dazu noch wissenschaftlich vorgetragene Verteidigung der Relativitätstheorie, deren Untergang nur beschleunigen könnte! - Die Wiedersprüche, wirken besonders deutlich bei Vergleichs-Problematik der überlichtschnellen Neutrinos, überlicht-schnellen Myonen, als auch völlig sinnlosen Auslegung (Zeitumkehr) der Tachyonen-Theorie... Ganz zu schweigen von der schon seit etwa 12-13 Jahren der Wissenschaft geheim-bekannten Entdeckung der mehrfachen Lichtgeschwindigkeit im Cäsium! - Man tut so, als ob das völlig unwichtig wäre... Wieso spricht man erst heute darüber, dazu noch recht camouflierend...?*

So erklärt man uns z.B. eine Inkonstanz des Lichtes in der Natur:

Dass die Lichtgeschwindigkeit im Wasser-Raum, Glas-Raum, oder Plexiglas sehr verlangsamt ist, aber im Cäsium 3xC schnell ist, ist normal... Soll das eine Inkonstanz des Lichtes sein? – Neein.! Das sind nur die Stufen der Lichtgeschwindigkeit! Was zählt ist Lichtgeschwindigkeit im Vakuum! 😄

Das sehen viele Denker anders... Nämlich so, dass man jetzt weder von einer Konstanz, noch von Unschlagbarkeit der Lichtgeschwindigkeit sprechen kann! - Was genau verteidigen jetzt die Verteidiger? – ... sich selbst...?

Die Retter der Relativitätstheorie sehen das Alles noch lange nicht als überlicht-schnelle Informationsübertragung! – Neein, - „Übertragbar müssten hier schon die ganzen Informationsfelder sein". (von Lichtkabel-Übertragung in der Industrie nix gehört? - Bald wird man dank Cäsium 3xC übertragen können!) – Aber nein, das würde RT verletzen, da diese uns sagt:

Informationsübertragung kann höchstens mit 300 000 km/Sek. erfolgen! Amen.

Oder: - Sind Myonen überlichtschnell? - Neeein, die können bloß ihre Zeit dilatieren! - Überlichtschnelle Neutrinos im Opera-Experiment? Neein... Das Leitungskabel war locker! – Eemm.. Bremste nicht genug?

Solipsismus noch heute....?

Man braucht nur im GOOGLE eine reizende Frage zu stellen: „Existiert unser Universum überhaupt?" - Und schon bekommt man viele Titel der verblüffenden Artikel... Man will die Wirklichkeit im durch unser Bewusstsein verformten Licht sehen... Man zweifelt an objektive Sicht der Welt weiterhin... Punkt... Im Welchen Namen betreibt man erneut den Neo-Solipsismus noch heute? – Hat man etwa die bekannte These **„Creatio ex nihilo"** nach dem Motto umgedreht: Wenn Universum aus dem NICHTS entstehen konnte, dann ist die auch im Grunde nichts Anderes als ein NICHTS - ? – Hmmm...

Eine Weiterentwicklung dieser erneut aus Ruinen auferstandenen These, überlasse ich lieber denen, die eine Weltexistenz wohl sehen, aber einer philosophischen Mode nicht widerstehen können!

Diese **Mode** von heute erwirkt bei einigen Menschen einen irrationalen Kick... Zu diesem Thema organisiert man Seminare und verdient Geld... Viele Menschen machen mit... Wer sind denn die Zuschauer?

☼

Viele Menschen sehnen sich heute nach einem immer intensiveren Erlebnis, da eine einst normale Reizschwelle wurde schon längst überschritten... Und diese findet man auch in den fixen Theorien...

- Noch eine Frage... - und eine durchaus mögliche Antwort...

Bleibt die Zeit stehen, wenn Expansion Universums C-Geschwindigkeit erreicht? Dafür müsste die Physiologie Universums erstarren, was niemals geschieht. - Die Lichtgeschwindigkeit **hat mit Raum und Zeit nichts zu tun!** **Prof. Lorentz** konnte wohl schon am Anfang des zwanzigsten Jahrhunderts die künftigen Entdeckungen, welche heute glaubhaft für Überschreitung der Lichtgeschwindigkeit sprechen vorausschauen und **sicherte die axiomatischen Hauptthesen der Speziellen Relativitätstheorie, mit Transformationen ab!**

Kraken-Form unseres Urknall-Universums?

Jetzt mal sachlich bleiben: - Wie sieht unser Urknalluniversum im Schöpfungsraum Daseins aus? - Als eins von vielen lokalen Universen? - Offiziell will man das Urknalluniversum als eine grooße Kugel sehen, welche ballonartig raumbeschaffend weiter expandiert...
Universum als eine Discus-Scheibe, welche der Milchstraße etwas ähnlich sein könnte? - Welche Form könnte hier wirklich real sein?
Der theoretisch-wissenschaftliche Raum soll sogar u.a. in einer Abwesenheit von Energie und Materie ganz flach sein... Tjaa... - Aber...
Wo „gibt es" denn die sog. Abwesenheit von Energie und Materie?
Die gibt es... Allerdings nur in der Weltvorstellung der Idealisten...

Für die Expansion des neuen Urknallgeschehens aber, gab es wie ich meine, **keine so gern erwünschten Platzmöglichkeiten,** um dem neu expandierenden Raum eine spätere Gestaltung eines runden Lokal-Universums zu erlauben... Da nicht alles in der Unendlichkeit nach unserem Wunsch laufen will, kann uns das gern ärgern... - Tjaaa...
Die unterschiedlichen substanziell-gravitativen Dichten der selbstverständlich schon längst existenten Nachbarwelten, „erlaubten" der Urknall-Expansion nur die existenten Zwischen-Welträume als Reinflutschwege zu nutzen und dem Prinzip des kleinsten Widerstandes zu folgen. - Nur diese Vorstellung scheint glaubhaft zu sein...
Die Folge dieses Geschehens könnte unserem Universum eine Form der riesen Krake bescheren, was im Falle der angenommenen Wahrhaftigkeit dieser These, eine vielleicht wahrscheinlichste Konsequenz meiner diesmal persönlich-theoretischen Astrophysik sein könnte...
In meinem Bekanntenkreis, tritt man dieser Idee leider ganz skeptisch gegenüber, was mich auch... - nicht sonderlich wundert...
„Was denn? – Urknall Universum als Kraakeeee?" - Hmm... Na gut.
Die **Kugel ist wie... Fußball** - und somit auch schöner als Kraakeeee...

KRITISCHE ANALYSE DER AKTUELLEN EPISTEMOLOGIE

Nur der substanzielle Raum bildet die existente Wirklichkeit...
Im unendlichen Raum sei alles möglich, was „genehmigt" wurde.
Der schöpferische Geist steuert den physiologischen Zeitfluss, seines Seins. Ob das sofort überzeugt oder auch nicht, kann diese Behauptung für die in Bedrängnis geratenen Ontologien ein guter Denkansatz sein. Eine neue Vorstellung des philosophischen Daseins bietet sich von selbst an... Unser Dasein betreibt in der ewigen Physiologie seines Seins, eine trivial und trotzdem richtig gesagt, eine Zeitproduktion... Ein Begriff einer absoluten Leere im kosmischen Raum, ist für viele Menschen eine akzeptable Vorstellung...
Manche idealistisch orientierten Wissenschaftler, sind bereit so ein „Nichts" im Raum zu akzeptieren, um helfend die Kreation der Welt aus einem Nichts mit eigener Autorität zu unterstützen...
Auch manche habilitierten Persönlichkeiten der Wissenschaft diskutieren (in YouTube) ganz ernsthaft die Entstehung des Urknalls aus dem Nichts... - Wem dient man mit dieser theoretischen Behauptung am meisten? - Der Wissenschaft, oder eher der Theologie...?
*Die Dehnung des Urknall-Raumes in der Raumlosigkeit, genauer: - **in einer Phantasmagorie,** scheint für manche theologisch geprägten (?) Astrophysiker, irgendwie glaubhaft zu sein... Endstand ein Weltraum aus einem imaginierten... anfangs-singulären Non-Raum...?*
In welchem Namen treibt man diesen absoluten Humbug weiter...?
Raumlosigkeit hinter Grenzen der Urknallwelt? Auch die Längekontraktion, Zeitdilatation oder die Raumzeittheorie, mögen zwar einem frustrierten Theoretiker, einen spannenden Zeitvertreib imitieren. Die uns gepredigten Falschkonstruktionen zum Thema: Urknalltheorie und Relativitätstheorie samt Minkowskis Raumzeit-Theorie, sollen lieber heute als morgen, als ein Relikt der vergangenen Aktualität bezeichnet werden... Die Zeit dafür ist gekommen...

Erzeugung der Gravitation...?

Die stark gravitativ wirkenden Substanzen Universums, sollen diese Kräfte mit der eigenen Bewegung und zunehmend mit Beschleunigung erzeugen. Man erhofft sich die so „produzierten" Gravitationswellen leichter ermitteln zu können... Deshalb auch die neuen Projekte, deren Aufgabe ist, diese Wellen, welcher Existenz natürlich Einstein angenommen haben soll, zu finden. Die ersten Satelliten des Projektes „Elisa" sind schon im All. Die Frage ist: Wellen oder Fäden? **Emanieren Massen Gravitations-Substanzen? Ist Gravitation auch resorbierbar und kumulierbar?** - Wie sieht eine Essenz dieser Materie aus?

Ein LIGO Detektor war zwar eine meisterhafte Leistung... Aber auch eine indiskutabel erfolgreiche? Die G-Wellen fand man damit nicht. Eine zitterfreie Platzierung der 4 km langen dessen Arme, ist kaum möglich. Die Erde zittert dauernd, der Erdkern bewegt sich und der Raum in dem die Erde schwebt, (Sonneneinfluss) auch. - Gerade die teuren Projekte bewirken eine Neigung, die vermuteten Ergebnisse nach deren Auswertung als einen sicheren Erfolg zu deuten...?

„Tsunami-ähnliche Wellen Universums"? – Raum-Verschiebungskräfte...?

Dass diese Wellen nach **1,3 Milliarden der angeblichen Vakuum-Lichtjahren,** pünktlich zum 100-jährigen Jubiläum der Relativitätstheorie eingetroffen sind, grenzt das mit einem **Wunder!** - Wieso sich die Kirche auch damit nicht auffällig beschäftigte, bleibt bislang geheim... ☺

Ein Nachweis eines neuen Signals, ist noch **kein Nachweis** der gesuchten Gravitationswelle. **Der Nobelpreis (2017)** wurde wohl deshalb nur für den **Bau des Detektors und die Beobachtung der Gravitationswellen** erteilt. Die salomonische Formulierung der Experten Stockholms, auf welche die Welt ungeduldig gewartet hat, ist wie ich meine, gerecht...

Kann ein Welleneffekt des weiten Raumes, welcher durch die druckbedingte Raumverschiebung entsteht, als eine Gravitationswelle bezeichnet werden? – Ja... Die ungeschützte Bezeichnung **kostet nichts...**

Die wahre Krümmung des Raumes...?

*Jede Wellenart muss auch von den spezifischen informationstragenden Kräften des Raumes **befördert werden**... Manche Gravitationen sind sofortgreifend und vermutlich x-fach schneller als Licht...*

Es scheint auch viele tragenden Medien zu geben, welche das Licht je nach dem Raum unterschiedlich tragen... Auch Licht kann den Mond nicht durchdringen und muss ihn umarmend umkreisen... Manche mit Licht kommenden Lichtbilder finden sich nach einem umkreisen des Hindernisses wieder hinter dem Hindernis wieder...

Kennen Sie die Zeichnungen? *- Ein Planet sitzt in einem gekrümmten Anti-Gravitationstopf, was wenig überzeugend wirkt... Hier nennt man notgedrungen eine lokale **Antigravitation** als (wie ich meine fragliche) Ursache... Irgendwas verursacht diese „Dellen" trotzdem...*

Die Raumkrümmungen *der starken Zentren der gravitativ wirkenden Massen, scheinen eher mit den starken energetischen Austauschzonen zwischen den Massenzentren und den, die Energien liefernden Umgebungsräumen zusammenzuhängen. Neue Sicht der Hawkings-Schalle?*

Kleine Ablenkung: *Alle „Himmelskörpern" „schwimmen" im Raum wie Fische im Wasser... Die im Gravitationsraum schwimmenden Himmelskörper, werden von dem sich um das Hauptgravitationszentrum drehenden Umgebungsraum in Richtung der Zentrumsrotation, entlang der sog. Umlaufbahn mitgetragen... Die Planeten der Sonne rotieren bekanntlich auch um eigene Achse... Die Venus dreht sich ebenfalls, aber umgekehrt... - Ursache? - Auf Ursache dessen könnte man kommen, beim Betrachten der Saturnringe, oder Gestaltung des Wolkenraumes am Rande eines großen Hurrikans...*

Eine Energie-Austausch Zone *um jede feste Agglomeration der Materie, müsste eigentlich als eine völlig selbstverständliche Erscheinung gesehen werden.- In dieser für jede feste Materie überlebenswichtigen Aura, könnten auch ganz neue Substanzen erzeugt werden...*

Wieso ist die Krone der Sonne viel heißer als die Oberfläche? *(Hypothese)*
Könnte dieser heiße Austauschraum der Energien und Subenergien, im gewichtigen Fall der interaktiven Korrespondenz dieses Sterns mit ihrem Umgebungsraum, auch die vorbeiwandernden Licht-strahlen biegen? **Die Kraft** der strahlenden Austausch-Energie und Magnetismus könnten die gemessene minimale Abweichung bewir-ken... Das ist durchaus möglich, was auch eine gute Sensation wäre. Dieser „Lebensraum" scheint für alle atomaren Agglomerationen **form**-existenziell zu sein... - Ein Emanationsraum und zugleich Ab-sorptionsraum, um welchen das vorbeirennende Außenlicht einen leichten und dauernd minimal variierenden Bogen machen muss...
Die festen Raumformen, zwischen welchen existenzielle Energien ausge-tauscht werden...? – Ja... Ohne diese „Ernährung" von außen und Abfall-abgabe an den Grenzraum, könnte wohl keine atomare Materie in ihrer aktuellen Form existieren können. Weshalb vermutet man das nicht? - Weil Einstein die Raumkrümmung anders definierte... - Berührungsängste? Vermutlich... – Aber die Wissenschaft muss sich doch weiterentwickeln, ob-wohl das vielleicht nicht immer im Interesse mancher Welterklärer sei...

☼☼

Ähnliche Austauschzonen agieren vermutlich um alle festatomaren, also auch die kalten Geschöpfe des Raumes, welche dank diesem dauernden Stoffwechsel, lange in ihren atomaren Formen existieren können... Den Austausch pflegen auch die unterschiedlich lange „lebenden" Teilchen...
Die atomaren Agglomerationen jeder Größe, bilden um ihre gravitativen Masen die interaktiven, Stoffwechsel regulierenden und zugleich ihre Exis-tenzform garantierende... energo-gravitative Aura... *(Hypothese)*
In der Mikrowelt betreiben nicht nur die Atome, aber auch tausende noch nicht entdeckte, da variable in ihrer Form Teilchen einen ähnlichen Ener-gieaustausch mit Substanzen der Umgebung... Anders würden auch z.B. die bekannten **Higgs-Bosonen,** welche als Masse *(= Energie)* Liefe-ranten gelten, nichts - *(denn an was und wozu?)* zu liefern bräuchten...

Theoretisch-wissenschaftliche Erkenntniswege...

*Vielmehr ist hier der (von Autorschaft Prof. H. Minkowski) Begriff Raum-Zeit, erkenntnistheoretisch kritisch zu analysieren... Dieser Begriff wird hier im Buch nicht nach der Idee Minkowski/Einstein interpretiert... Raumzeit ist wie ich meine, infolge einer Verzweiflung Einsteins entstanden, der die dringend stellende Frage: - „Was ist denn eigentlich die Zeit", kaum sachlich und plausibel beantworten konnte... Zusammen mit seinem ehemaligen Lehrer Prof. Minkowski, wo Einstein eher eine befolgende Rolle spielte, einigte man sich auf Konstruktion der vierten Dimension: der fraglichen und bis heute vielen Denkern **Kopfschmerzen** verursachenden... - **Raumzeit...**

Einstein, und Raumzeit... - Zitat eines international bekannten Physikers: ❀

Zitat: - „Die Raumzeitidee war nicht Einsteins Idee. „Die Union, auf die Minkowski anspielte, war seine Idee. Wenn die Zeit räumlich dargestellt werden soll, zumindest zum Zweck mathematischer Darstellung, muss sie wie eine vierte Dimension behandelt werden.[57]"

Prof. Paul Davies weiter:

„Einstein war von dem Gedanken einer einheitlichen Raumzeit nicht sonderlich begeistert und tat Minkowskis neue vierdimensionale Geometrie als „überflüssig" ab... - (Zitat-Ende)

Hmm... Nach Kenntnis der früheren Text-Anleihen Einsteins, kann man bedauerlicherweise die Vermutung nicht loswerden, dass Einstein diese Raumzeit-Idee e-bissl später selbst übernehmen wollte...

Prof. Minkowski starb in Göttingen im Jahre 1909...

Fakt ist, dass Einstein die Grundform dieser Theorie am 25 November 1915 in der Preußischen Akademie der Wissenschaften vorgetragen hat, ohne den wahren Autor zu benennen... Viele Menschen sind heute von der Raumzeit überzeugt, - ohne es verstehen zu müssen...

---

[57] *Prof. Dr. Paul Davies. Buch: „Die Unsterblichkeit der Zeit" 1996.*

Raumzeit hin, Raumzeit her…

Die **Zeittheorie** kann wie ich meine, ausschließlich auf dem Grund der Energie wechselnden Materie, im Zusammenspiel der Subenergien, Gravitationen und Grundenergien realistisch beschrieben werden…

Ein kosmologischer Raum, ist eine unterschiedlich konsistente Substanz des permanenten, gesamtenergetischen Stoffwechsels. Die Tatsache ist wohl bislang **nicht bemerkte Ursache** des Zeitflusses…

Eine inkonstante Intensität des lokalen Energiewechsels im Raum, bewirkt die labile Intensität des Zeitflusses, und somit eine labile momentane Menge der Zeit.

Beispiel: - einem **dauernd negativen Umsatzbilanz** erweisenden **Kilogramm-Muster-Raum in Sèvres bei Paris** folgend, könnte pro eine Sekunde seine Umsatz-energetische Zeitproduktion berechnet werden, natürlich unter Voraussetzung: Wir könnten es doch irgendwann meistern…

Mit Hilfe einer Atom-Uhr, denn die Uhrzeit keine wirkliche Zeit ist… Die Uhren zeigen uns nur die genau abgesprochenen Einheiten des Vergehens. Sollten wir irgendwann **die lokale Zeitmenge** annährend bestimmen wollen und auch können, leisten die uns eine klare Hilfe…

Denn ein Umsatz des Raumes (eine Menge der Zeit) kann nur pro eine abgesprochene Einheit des Vergehens berechnet werden…

Das Problem ist: Wir können aktuell den energetischen „Inhalationsumsatz und Eliminationsumsatz" der Materie nicht mal erfassen, ganz zu schweigen vom praktischen Messen. – Schlimmer… Eine Dauerresorption und Elimination zwischen der festen Materie und deren energetischen Umgebung wird bislang **nicht mal vermutet**…

Nicht nur die theoretischen Physiker und Relativitäts-Theoretiker haben ihre Schwierigkeiten mit dem, wie man die Zeit sinnvoll beschreiben soll, aber auch damit, was den Einstein & Minkowski gezwungen hat eine Flucht in die sog. vierte Dimension zu machen… Eine blinde Flucht nach vorne, da man die Zeit nicht mal im Ansatz erklären konnte? – Und die Problem-Antwort ist doch sooo einfach!

Ein stiller Übergang...?

Lichtgeschwindigkeit ist den neuen Indizien nach doch überschreitbar und auch inkonstant... Ein Schock ist verständlich. Verständlich sind aber nicht die Versuche, den neuen Entdeckungen und Indizien, eine relative Normalität zu bescheinigen. Man erzählt von „Stufen der Lichtgeschwindigkeit", und variablen Konstanz des Lichtes...

Ist das eine Übergangs-Stufe zu einer Reform? - Das Problem ist aber, dass erst alles Geltende als ungültig erklärt werden müsste...

*Ein Kabel im OPERA-Experiment, aberrative Erklärungen des überlicht-schnellen Myonenflugs, Tachyonen Flug und Zeitumkehr. Erklärungen, die immer sagenhafter werden. Versteht man sich bald selbst nicht mehr? Man erreicht nur damit, dass der frustrierte Fernsehzuschauer vom Sender, wo manche „Alleswisser" die Welt märchenhaft erklären, - schon lieber auf „**Die Biene Maja**" umschaltet!*

*Denn, wenn man erneut fragen würde: - **Wieso dilatierte die Zeit für die Neutrinos von Genf nach Gran Sasso nicht?** - Wieso kontrahierte auch hier die Länge ihrer Reise nicht? - Wieso „können" das dauernd, oder besser: **notfällig**, nur die **Myonen** tun? (um es noch mal zu wiederholen...)*

Wieso zwingt die „Logik", der Lorentz-Transformationen die überlichtschnellen Tachyonen nur in der Zukunft zu fliegen zu lassen?

***Einspruch!** - Zeit und Raum, haben mit Lichtgeschwindigkeit absolut nichts zu tun. - Deshalb ist diese These, lediglich eine auf den reinen Annahmen „funktionierende" mathematische Rechnung...*

*Der **Zeitfluss ist eine** reine Existenz-Funktion des Raumes. (s. weiter)*

Aber wie das Leben so spielt... Die noch job-aktiven Kritiker wissen, dass man in die Teufels Küche geraten könnte, indem man hier ein radikales Umdenken fordern würde und das noch ausreichend begründen würde... - Gibt es schon dessen mutige Versuche...?

Ab 2016 haben wir ein neues Management im CERN...

Darf jetzt der Steuerzahler die Wahrheiten erfahren? Ob der Schachzug einer tatsächlich wahrhaftigen Transparenz dienen wird? Die Zweifel am Opera-Experiment sind eher vergessen als vollständig beseitigt... Auch die Presse kann schön schweigen, wenn es nötig ist...? Kennen die Schweizer Hoffnungsträger wirklich die... unabhängige deutsche Gründlichkeit?

Ein Dieselskandal? – Na jaa... Ein nicht unbedingt nötiges Beispiel ...

Im Zusammenhang dieser „Politik der Information" einer Wissenschaft, welche letztendlich vom Steuerzahler unterhalten wird, ist auch kein Wunder, dass viele Menschen nach mehrfachen Empörungsreaktionen ihren guten Glauben an die dringend nötige Objektivität der Welterklärer zunehmend verlieren... Und das ist auch eine der Ursachen der Resignationen unter den Wissenschaftlern, die keinen wahrhaftigen Sinn mehr in ihrer Tätigkeit gegen eigene Überzeugung sehen können... – Beunruhigend...

Der Nobelpreisträger in Physik, L. N. Cooper, hat schon sein **Handtuch geworfen** und widmet sich jetzt hoffnungsvoll der Hirnforschung... Bedeutet das, dass diese Resignationen zum allgemeinen Glaubwürdigkeitsproblem, was die Erklärungen der Urknalltheorie und die Geschwindigkeit und Zeit-Probleme der Relativitätstheorie betrifft?
Mit einer Antwort „möglich" wäre nicht die ganze Wahrheit gesagt.
Ein unterschiedlich stark ausgeprägtes Glaubwürdigkeitsproblem, ist schon bei vielen Menschen, die diese theoretische Problematik beobachten oder auch studieren wollen, längst eingetreten...
Wieso begrenzt man weiterhin die unvorstellbare Komplexität des Universums, indem man es ausschließlich nach unseren Gesetzen „tanzen lässt"?... - Wie könnte denn die Antwort dafür lauten...?
Weil man sich mit diesem „*Weiter-soo*" das wissenschaftliche Überleben der beiden Theorien und langfristige Beschäftigung sichert? - Diskussionen, Promotionen, Medienpräsenz, Vorträge...? - Hmm...

Zum nächsten Kapitel:

Die Zeit... Was ist das wirklich? - Eine Raumzeit als...weder Fisch noch Fleisch?

Kann eine intuitiv-spekulative Vorstellung der Erkenntnis helfen?

Was ist Zeit?

Was ist die Zeit? - Nur eine Uhrzeit?- Aber die Zeit lief schon bevor die Uhren erfunden wurden... Man hat also den Lauf der Zeit immer empfunden... Man sah, wie die Zeit läuft... - Trotzdem noch mal die gleiche Frage:

Was ist denn überhaupt die Zeit?

Wusste Einstein was die Zeit ist? – Nein, das wusste er nicht... Deshalb baute er die Zeit in den Raum ein, was schon gut klingt... Aber Einstein & Minkowski beförderten die Zeit zu einer vierten Dimension und schafften somit nur Fragliches.

Eine relativ transformative Zeit und eine variable Raumlänge? – Unsinn! Das Alles „steht" auf der phantasievoll angenommenen Unschlagbarkeit der Lichtgeschwindigkeit und bildet ein rein mathematisches Konstrukt, wo der Raum als auch die Zeit in Lorentz-Abhängigkeiten geraten sind...

Die Zeit ist variabel, aber nicht nach geltender Beschreibung der Relativitätstheorie... Zeitfluss Variabilität ist abhängig vom dauernd wechselnden multienergetischen Umsatz eines lokalen Raumes. – Zeit ist eine dessen momentane Menge.

Die in diesem Buch vorgestellte Zeitvorstellung ist ebenso einfach wie realistisch... Zeit und Zeitfluss, haben mit Einsteins Lichtgeschwindigkeit überhaupt nichts zu tun! Deshalb auch wurde die Erklärung des wahren, da rein physikalischen Zeitflusses in hier wiederholt vorgestellten Konstellationen und Beispielen notwendig...

DAS GEHEIMNISVOLLE PROBLEM HEISST: „ZEIT"

„Einige Wissenschaftler halten Physik für unvollständig, solange sie nur das Verhalten vom Raum, aber nicht von der Zeit erklären können. Was genau hinter dem Begriff Zeit steckt, ist heute umstritten. Warum manche Forscher glauben, dass es sie gar nicht gibt und was sie mit dem freien Willen zu tun hat." - (Zitat-Ende)

☼

So formuliert das „Geheime und Unlösbare" die Fakten-Presse[58]..

Die Zeit, ist ein dauernd frappierendes Problem in der Physik und vor allem in der Philosophie. Aus dem hier vorgelegten Zitat kann man schließen, dass dieses Phänomen zu schwierig ist, um es zu knacken... Man versucht das Problem schon seit Jahrhunderten zu lösen. Ein deutlich überzeugendes Ergebnis liegt bislang nicht vor...

Die philosophischen Vorstellungen der Zeit, gelten seit Jahrtausenden als ein allgemein nachvollziehbares Fließen oder Wandlung der Wirklichkeit. Die Richtung der Zeit, soll laut den meisten Philosophen von jetzt in die Zukunft fließen. Es gibt auch Ideen, die besagen, dass die Zeit auch Umgekehrt fließen kann. - Ist ein „Zurück in die Vergangenheit" somit möglich? Dieses freie Theoretisieren ist uns allen bekannt. – Was kann Fluss der Zeit verursachen?

Aktuelle Fragen und Behauptungen:

* Begann die Zeit erst mit dem Urknall...?

* Kann die Zeit einen Anfang und ein Ende haben?

* Kann die Zeit rückwärts fließen?

* Was ist eine Raum-Zeit?

* Kann die Zeit auch ohne Materie existieren?

* Ist Zeit nur eine subjektiv empfundene Illusion?

* Wird die Zeit ewig fließen?...

---

[58] *Hier: u. a. Focus Online. 29.04. 2015.*

Schon diese Fragen zeigen uns deutlich, wie eindringlich man dauernd versucht hat, die verschiedensten Vorstellungen dieses Phänomens zu beschreiben. - Leider ohne befriedigende Endergebnisse...
Schon **Heraklit (520-460 v. Chr.)** war in seiner Behauptung „panta rhei" (alles fließt) zeit-philosophisch... - Ein Drang seiner Intuition?
„Man kann nicht zwei Mal in den gleichen Fluss steigen, oder zwei Mal Steine in den gleichen Fluss werfen", da der in seinem Fließen in jedem nächsten Moment nicht mehr der Gleiche ist... - So Heraklit...
Heute würde man sagen, man braucht nicht mal was in den Raum zu werfen um es zu wissen, dass der Raum um uns herum in jedem nächsten Moment nicht mehr der Gleiche ist. Hmm...Tempus fugit...
Zeit und seine Existenz scheinen zu sehr problematisch zu sein. Laut der bislang geltenden **Urknalltheorie**, soll die Zeit ihren Anfang im Urknall gehabt haben. - Die Urknallisten sind sich dessen sicher...
Und demzufolge würde die Zeit auch ein Ende haben müssen, denn, was einen Anfang hatte, muss wohl auch ein Ende haben... Heißt es...
Die alte Weisheit beseitigt unsere Bedenken trotzdem nicht ganz...
Ist Universum als endlich zu sehen? Die **Urknall-Theoretiker** sagen natürlich... **JA** dazu. - Ohne Einfluss der Thomisten und Kreationisten?
Die Zeit des Raumes als nur eine Urzeit? – Das wäre zu einfach...
Was heißt überhaupt: Unter Umgehung von Raum und Zeit? - 🐱?
Einstein oder genauer gesagt sein Lehrer, **Prof. Minkowski** hat das Dilemma recht schnell gelöst... - Vielleicht doch zu schnell...
Die „Raumzeit" erfand Minkowski und hat gemeinsam mit Einstein die theoretische Lösung des Problems äußerst fraglich „vereinfacht". Die schicke Umwandlung des „Mysteriums" in eine vierte Dimension genießt aber eine mangelnde Beliebtheit der nüchternen Fachwelt...
Man merkt eine merkwürdige, nur indirekt konstatierte Inakzeptanz für diese Konstruktion, und zwar nicht nur unter den „ungebildeten Laien". - Aber, - man arbeitet (**seit einigen Jahrzehnten**) dran...
Und mit welchem Resultat? - Hmm... Eine fast verbotene Frage...

Diese Bemühungen präsentieren (außer den Fehlkonstruktionen) bisher kein akzeptables Resultat... Das Zeitproblem scheint für die Relativisten viel komplizierter als Ei des Columbus zu sein...

Eine in allgemeiner Sicht klare und verständliche Zeittheorie ist bitter nötig... Die Zeitgeometrie und dessen Diagramme sind sinnlos...

Fließt die Zeit nur in den atomaren Materie Universums? – Nein... Der Zeitfluss läuft überall dort, wo sich irgendwas bewegt... Der multienergetische Raum, egal welcher Konsistenz, ist auch dauernd in Bewegung... Mit anderen Worten: der Zeitfluss läuft pausenlos überall... Die Zeit könnte man vielleicht künftig NUR als eine raumlokale Umsatz-Größe semi-genau berechnen können, wenn wir das könnten... Das wird man solange nicht können, solange man in Paris nicht auf die Idee kommt, weshalb das Musterkilogramm dauernd schrumpft. Atome könnten ausgerissen werden im Sonnenlicht... Hier könnte man Millionen Atome auf der Inneren Glaswand der Abdeckung sicher finden können. Das Muster ist aber im dunklen Raum versteckt... Und wenn auch im dunklen Raum das Ausreißen der Atome aus dem Muster läuft (Neutrinos?), soll man hier eine andere Ursache mit in Betracht ziehen, nämlich: Einen energetischen Austausch.

Der Umgebungsraum ist bei allen Reaktionen immer dabei.

Mit Raumenergie bezeichne ich alle in der Ewigkeit Daseins existenten und agierenden Substanzen des sog. „leeren" Raumes: d.h. Energien, gravitativ wirkenden Substanzen, Informationen tragende Substanzen, emanatative Substanzen (Hier: Gefühle und Denksubstanzen), ebenso wie die Grundsubstanzen, welche in der Wandlung des Raumes in sich, zu keinem Zeitpunkt definiert werden können... Wie gemessen? Für unsere Bedürfnisse müsste künftig **die echte, variable Zeitmenge** des kochenden Wassertopfes *pro Uhrzeit-Einheit*, theoretisch gemessen werden können... - Hindernis: Die energo-gravitative und noch in Essenz unbekannte Substanzart und Menge der Raum-Mitbeteiligung in dieser Reaktion, müsste auch mitbilanziert werden...

Zeitfluss des Multiversums? - unvorstellbar....

Denn dieser wäre: - Ein permanenter, qualitativ unfassbarer, quantitativ unbegrenzter, somit nicht bestimmbarer, da dauernd variierender, (also inkonstanter) Umsatzlauf, jeglicher interaktiv agierenden Stoffwechselsubstanzen seines Seins ...

Nur sekundär wichtig wäre hier die Frage, ob sich das theo-universale Dasein durch seinen dauernden multienergetischen Umsatz verändert und ob man diese Veränderung als ein „Altern" bezeichnen kann? Die Antwort auf diese Fragen soll hier „Jein" heißen. Denn: Zu den lokalen Änderungen muss man „Ja" sagen, zum Altern Daseins aber, gilt ein klares Nein! Altern können nur die lokal-begrenzten Räume[59] seines ewigen Seins. Beispiel: **Die Anfangssingularität**...

Energetischer Umsatz? – Für Formen Daseins, wie galaktische Agglomerationen, Sterne oder Planeten, könnte man künftig den momentanen Energieumsatz grob einschätzen. – Eine Einschätzung ist hier völlig OK... Da Zeitfluss je nach Intensität des Energieumsatzes in den Lokalen Agglomerationen **unterschiedlich aktiven Materie,** auch unterschiedlich schnell **verlaufen muss,** „altern" die Himmelskörper, oder auch die ganzen unterschiedlich intensiv. - Die Physik könnte sich eine wahre „Alterung" eines Uran-Atoms, welches eigene Energien mit dem ihn „ernährenden" Raum **dauernd wechselt,** vorstellen, obwohl diese Buch-These ihre Wirkungszeit noch nicht erreicht hat...

Die Alterung der Formen dauert unterschiedlich lange und bewirkt unterschiedliche Resultate... Nichts bleibt bewegungslos stehen... Schon alleine die dauernde Versorgung mit Masse, ist ein klarer Beweis für eine unaufhaltsame autarkische Selbstversorgung des **Raumes...** Richtig, richtig: **des Raumes,** denn sowohl die Teilchen, Atome oder Neutronen-Sterne und Galaxien, sind auch nichts anderes, als kleine oder große, mehr oder weniger stark komprimierte **Räume...**

---

[59] *Die sog. „Leere" als auch feste Formen des unendlichen Raumes...*

Könnte die Zeit im Zeitflussraum stehenbleiben? – Hmm... Würde der Energieumsatz im Raum „stehenbleiben", so bliebe auch die Zeit stehen... Da aber die Welten Daseins seit Ewigkeit in Bewegung sind und zu dem substanziellen Umsatz seiner Physiologie dauernd beitragen, erübrigt sich diese bewusst naive Frage. - Zeit bleibt niemals stehen. *Nicht die Wandlung bewirkt den Zeitfluss, sondern der Zeitfluss bewirkt die erkennbaren Raumwandlungen. Eine ungleiche Intensität des energetischen Umsatzes im Raum bedeutet einen inkonstanten Zeitfluss in diesem Raum...*

Der energetische Umsatz im Raum verläuft unter den Energien, Subenergien aller Art, unter den vielen Gravitationen als auch in der atomaren Materie selbst. Jede Substanz Universums **muss** diesen Umsatz machen...- Multiversum kann so selbstreproduktiv **dauern...**

Deshalb ist die Zeit eine variable Gewichtsmenge dieses Umsatzes, welcher hauptsächlich von Intensität der Agilitäten in den jeweiligen Raumdichten abhängig ist.

Effekt dessen ist: Ein relativ langsamer Zeitfluss z.B. in den zwischengalaktischen Räumen und ein viel schnellere *in der Krone der Sonne,* obwohl *die Atomuhren* in dieser, langsamer ticken würden...

Zum Messproblem könnte heute, nur die Messtechnik und Organisation dieses Unterfangens werden... Die Unendlichkeit des ewigen Raumes entzieht sich verständlicherweise der Zeitflussmessung, da hier ein Ausmaß des Unterfangens nicht mal vorstellbar sein kann.

Nur diese Interpretation des Zeitflusses, (des Seins Daseins) ist annehmbar. Die einst erfundene Minkowskis **Raumzeit,** ist wie ich meine nicht mehr up to date... Diese, noch vor 100 Jahren glaubhafte Idee, soll man heute der wahren Erkenntnis zuliebe, vergessen...

✧✧

Einer recht einfachen Meinung dazu war anfänglich auch Einstein, der auf die dringende Frage der hinter ihm laufenden Journalisten die lautete: - „Herr Professor, - was ist denn Ihrer Meinung nach die Zeit?" - schnell geantwortet haben soll:

- „Schauen Sie mal auf die Uhr, - dann erfahren Sie es!" ....

In jedem nächsten Moment läuft der Zeitfluss anders...

*Jedes Sonnensystem oder Galaxie ist ein semi-begrenzter, energie-wechselnder Raum, wo der Zeitfluss mit einer variablen Intensität verläuft. **Mit einer dauernden aber variablen Intensität, wechseln die Formen Daseins laufend ihre Energien. -** Die Zeit fließt somit dauernd **inkonstant**.*

Auch im unklar definierten „leeren Raum" fließt die Zeit, da auch hier die Interaktionen zwischen den Energien, Gravitationen und Grundmaterien stattfinden.

In den Zusammenballungen der festen Materie, herrscht ein erhöhter, gesamtenergetischer „Partialdruck", welcher die energetische Austauschmenge (Zeitmenge) intensiviert und beschleunigt. Besonders schnell, fließt die lokale Zeit in vielen kosmischen Explosionen...

Deshalb: *- Die dauernd wechselnde und auch unterschiedlich intensive Energie-Umsatzmenge im begrenzten Raum, (denn nur hier einschätzbar) bewirkt eine Variabilität des Zeitflusses in diesem Raum. Hier gelten bekannte und auch noch unbekannte Gesetze...*

Sollte ich diese alle Thesen lieber patentieren lassen? Sonst kann ich mir vorstellen bald zu hören, dass Einstein mit seiner Raumzeit genau das gemeint hatte...

Hier, auf der Erde musste man sich unbedingt auf die konkreten Einheiten des Vergehens einigen und diese auch dauernd korrigieren. Sonst würde es heute, in der Ära der genaustens gemessenen Abläufe schon nach Sekunden zum internationalen Chaos kommen! Die Uhren und die Urzeit sind in der heutigen Welt existenziell wichtig.

☼☼

Wir müssen bereit sein, drei Zeitbegriffe zu akzeptieren:

Die Urzeit, *welche uns erlaubt unser Leben genau zu regeln, den laufenden **Zeitfluss**, welcher als eine variable Menge des laufenden Umsatzes der Raumenergien betrachtet werden soll und **die Zeit**, welche als eine pro Urzeit-Einheit permanent produzierte **Gewichtsmenge** des **Raum-Stoffwechsels** betrachtet werden muss... Eine technische Realisierung so einer lokalen Zeit-Messung, ist allerdings völlig offen...*

Auch wenn wir eine moderne Messtechnik dafür hätten, würde das nur relativ genau gelingen, denn der **Lauf der Atomuhren** funktioniert unterschiedlich, je nach Stärke des auf sie einwirkenden Zeno-Effektes, das heißt, Stärke der energo-gravitativen Raumeinwirkung ihres momentanen Aufenthaltes. - Im Vergleich zu einer Einwirkung des zwischenplanetaren „leeren Raumes", der verminderten gravitativ-energetischen Intensität, würden die gleichen Uhren auf dem Mond oder Mars, minimal **langsamer ticken**...

Ein Beispielversuch, einen Zeitumsatz eines Wasserkochers auf dem Mond und zum Vergleich in einer Weltraumstation künftig zu berechnen, könnte sich alleine deshalb nicht als genau erweisen... Ganz zu schweigen von einer reaktiven, **(leider bis dato nicht mal vermuteten)** energo-gravitativen und noch geheim-substanzieller Raumbeteiligungsmenge in dieser und auch **jeder erdenklichen** Zeitflussreaktion...

(um es erneut, - da die These hier premierenweise vorgestellt, zu wiederholen...)

Uhrzeit ist nur technische Erfassung abgesprochener Einheiten des Vergehens. Eine Uhr kann und auch muss als ein Messwerkzeug des Vergehens sinnvoll für eine Vermessung einer Dauer des Stoffwechsels im definierten Raum verwendet werden... Ich schreibe es in der Hoffnung, dass es eines Tages gelingt, und die Physiker endlich mit einem physikalischen Zeitfluss arbeiten werden können... Einfach wird das nich sein... Man muss sich aber anstrengen um die Umrechnungs-Korrekturen des relativen Uhrengangs in jeweiliger energo-gravitativer Stoffwechsel-Lage erfolgreich abzustimmen... Hmmm...

☼☼

Würde eine rein theoretische, völlig **absolute Abschirmung** der Isotopen-Uhren vom aktiven Außenraum mit dem Ziel, gerade so ihre **Genauigkeit zu sichern ,** sinnvoll sein? – Wenn auch derart Abschirmung doch irgendwann gelingen könnte, kommt unweigerlich die nächste Zweifelsfrage: - Würde uns jetzt der **Isotopen-Zerfall** im Käfig dieser Abschirmung, welche **keine interaktive Isotopen Korrespondenz mit dem Außenraum ermöglichen würde**, wünschenswert funktionieren können...?

Ist die Anatomie und Physiologie des Raumes ausreichend bekannt?
Da die theoretische Wissenschaft **ihren Mythos** der unüberwindbaren Lichtgeschwindigkeit **nicht aufgeben will**, erzwingt sie damit eine (bequeme?) epistemologische Grenze. Eine unantastbare **Betonbarriere?**
Ein Beispiel des überschnellen Zeitflusses, gab es schon in der Anfangsfase der Raumexpansion im **Urknall.** – Allerdings, wie ich meine ohne Zeitanfang und Raumanfang, was man dauernd behauptet...
Die nächste Raumfähigkeit, ist Transport aller erdenklichen Substanzen. - Wie wird alles im Universum von Raumträger Transportiert? Gibt es im Raum spezifische Träger für Informationstransport? - Könnte sich selbst das Licht ganz von alleine bewegen...?
Wird Materie, Antimaterie, dunklen Materie, die lichtreflektierenden Welten und deren große Konzentrationen, wie Galaxien **nur gravitativ** im Raum getragen...? Man soll nicht daran zweifeln, dass alle Gravitationszentren, den benachbarten Raum existenziell-nötig an sich binden können. Auch eine **Korrespondenz** untereinander dauert...
Bilden sich im Raum doch spezifische Transport-Fäden, welche einen unterschiedlichen Schnelllauf der Information erlauben?
Die Frage betrifft eine Vermutung, dass nicht nur Räume der konzentrierten Materie, aber auch Teilchen, Energien und Grundsubstanzen wissen, welche Aufgaben sie haben, und was zu tun ist. Der Raum scheint zu leben, wenn auch nicht nach unseren Definitionen.
Verschwindet laut Oszillationstheorie irgendwann Alles?   Auch Zeit?
Das propagieren die religiösen Prophezeiungen immer gern...
Wenn auch nach Milliarden Jahren manche Agglomerations-Zentren Explodieren, verschwindet nichts. Diese wechseln nur ihre Formen. Und wenn auch der lokale Raum dafür schrumpfen soll, wird es nach dem nächsten Urknall alles ähnlich laufen, wenn auch nicht gleich... Unser Dasein dauert in ewiger Bewegung seiner Physiologie ewig, oder anders: - Existiert in seinem ewigen Zeitfluss...
Dieser ewige Zeitfluss ist eine Art und Funktion **seines ewigen Seins**...

Die energetischen Welten und der Zeitfluss...

In den gravitativ-energetischen Räumen, vollzieht sich der multi-energetische Umsatz, unterhalb des Lichtes, lichtschnell, als auch mit variablen überlichtschnellen Geschwindigkeiten... Diese Vermutung, scheint sich zum Pech der Relativitätstheorie empirisch bestätigen. - Man konnte die dreifache Lichtgeschwindigkeit im Cäsium offiziell nachweisen. Und obwohl man das als „noch keine Informations-Übertragung" herabstufen will, ist das ein Eureka...!

Läuft der Zeitfluss auch in den „leeren Räumen" Universums?

Wie schon erwähnt ja, natürlich ohne Raum und Zeit Transformationen... Die Überlichtgeschwindigkeiten seien hier nach Bedarf benötigt, und die Information transportierenden Träger schon längst im Raum vorhanden... Ohne den multienergetischen Stoffwechsel und ohne die Inanspruchnahme der überlichtschnellen Informationen und Reaktionen des Raumes, würden die Welten kaum in der aktuellen Form existent sein können. (Hypothese)

Man wehrt sich, da jetzt die Beschwörung der Relativitätstheorie als auch die Zeit-Umkehr Theorie, jetzt eine Stellungsname der Dozenten erfordert!

Aufgrund der hier neu vorgestellten physikalischen Zeitflusstheorie, des ewigen Raumes, müsste man sowohl auf die Urknall Beschreibung (Zeit-Anfang) als auch auf Hauptpunkte der spez. Relativitätstheorie sowieso verzichten.

Die Zeitmenge wird im laufenden Zeitfluss buchstäblich produziert!

Der neulich erfasste, durch die Kollision der schwarzen Löcher verursachte Raumverschiebung, produzierte auch eine Menge Zeitfluss. Diese verwertete Menge verformt und verändert den Welt-Raum...

Alles, was in der Unendlichkeit des Raumes geschieht, gehört zu seinem Stoffwechsel. Eine Laufdauer, des vermutlich überlichtschnellen Crash-Tsunami in der Reise durch alle materiellen Dimensionen des Raumes, gleiche vermutlich nicht dem Muster:

Entfernung geteilt durch eine **inkonstante** Lichtgeschwindigkeit...

Gravitativer Abschluss, oder ein Flopp?

Ausbruch der Anfangssingularität, Crash der schwarzen Löcher, o-
der Explosionen der Supernovae, bewirken eine lokale Raumdehnung, welche eine anschließende federhafte Raumverschiebung der
angrenzenden Dimensionen verursachen... Das ist ein Beweis dafür,
dass eine von manchem Theoretiker vollzogene Beschreibung der intergalaktischen Leere als: - Raum mit NICHTS drin, - falsch ist.

Gravitationswellen? - man soll hier bescheidener sein... Man kennt die
wirkliche Ursache der Gravitation noch nicht. Man soll eine hier bequeme Vermutung, dass der „beschleunigende Vogel" Gravitationswellen verursacht, **nicht** als wissenschaftlich erwiesene Tatsache verkaufen. **Man weiß bislang nichts** über ein Wesen und die Entstehungs-
mechanismen der Gravitation. - Man kennt nur ihre Wirkung...

Die erneut angestrebte Anpassung, versucht zwar ein „Zusammen-
nähen" der Gravitations-Theorie mit den Vermutungen Einsteins, zu
erreichen, - bildet aber keine Einheit, welche erst dann plausibel
wirken könnte, wenn die aktuell vom LIGO empfangenen Wellen, als
eine... - *tatsächlich nachgewiesene Gravitationswellen gelten könnten...*

Leider gerade das, wurde nicht nachgewiesen, was auch zu erwarten war... Das sagt auch die *Erklärung des Nobelpreiskomitees*. In der Begründung des Nobel-Preises, stehen die erwarteten Ausdrücke, wie:
„für die Entdeckung" oder auch „für Nachweis", - überhaupt nicht!

Eine Dreistheit des im TV überrepräsentierten Stars, der in Kritik
der Skeptiker, **alle Barrieren des guten Tons doch sprengen konnte, ändert in
der Fraglichkeit beider von ihm verteidigten Haupttheorien so gut wie gar nichts...**

Die Physiker wollen scheinbar auch die Laudatio des Nobelpreis-Ko-
mitees in Physik, nur ungern kommentieren... - Man möchte wohl
alle guten *Sponsoren* nicht schlagartig auf die Palme springen sehen...

Fazit: - Die Gravitationsursache bleibt in ihrem Wesen unbekannt...
Trotzdem sollen die Versuche das Geheimnis doch zu knacken, ungeachtet der vorstellungs- technischen Schwierigkeiten - **weiterlaufen...**

Dilatiert die Zeit und kontrahiert die Länge wirklich...?

Die Lorentz Transformationen, das heißt, die mathematisch unterstützten Thesen der lichtgeschwindigkeitsnahen Zeitdilatation (*Verlangsamung **der Zeit**)* und der Raumkontraktion, (*Kürzung der Laufstrecke*) halten sich als glaubhafte Theorien nur deshalb, weil die auf die Absolutheit der Lichtgeschwindigkeit fixierte Wissenschaft, nichts Alternatives anbieten kann? - Oder da die selbst in die Falle der rel. Theorie geraten ist, gesichtswahrend nichts Anderes anbieten will? Die von den relativistischen „Zwillingen" erlebte Zeitdilatation und Längenkontraktion ist **rein mathematischer Konstrukt** unter Voraussetzung einer angenommenen Unschlagbarkeit der Lichtgeschwindigkeit. Da eine praktische Verifikation der Zeitdilatation und Längenkontraktion nicht möglich ist, bleiben die Transformationen eine reine Glaubenssache... Mathematische „Begründungen" der Raum und Zeittransformation auch im Flug der Myonen sind schon gestartet... **Die Möglichkeit** dieses Fluges mit Überlichtgeschwindigkeit, wird natürlich mit keinem Wort erwähnt... Tjaa... Die Erde musste auch mal um die Autoritäten zu retten ... lange als Scheibe gelten...

Energieumsatz im endlichen und unendlichen Raum..

Eine Umsatzmenge der Physiologie Daseins ist kaum vorstellbar... Umsatz der Energien ist ein permanentes Entstehen. Ein Aufbau, Abbau, Formwechsel und jegliches Geschehen, - **ist ein Entstehen**...
Und alle Geschehnisse laufen nur in eine Richtung: - **In die Zukunft**...
Die Relativitätstheorie und Urknalltheorie (genauer: die Theoretiker) verkennen ein wahres Wesen der Zeit. Den Zeitfluss kann man (theoretisch) mit Hilfe einer Stopp-Uhr berechnen. Das Resultat einer uhrzeit-momentanen lokalen Umsatzmenge müsste man **wiegen!**
Die Zeit als Uhrzeit, führt auch zu „Schlussfolgerung", wo oberhalb der Lichtgeschwindigkeit, eine **Zeitumkehr** erfolgen muss, und wo nur die Zukunft existieren müsste... Dieses Märchen resultiert aus der speziellen Relativitätstheorie! (*Siehe YouTube: - Tachyonen*)

Zeitumkehr nach Überschreiten der Lichtgrenze?

Man erscheint laut RT schlagartig in der Zukunft! - 😊 – *Die zwingende Frage müsste jetzt lauten: Wie konnten die Theoretiker der Gegenwart, die nur in der Zukunft existenten Tachyonen „entdeckt" haben? Verfügen die Theoretiker über ein geheimes Wurmloch? Nichts gegen diese durchaus mögliche Vision... Keine gute Vision dagegen ist ein sofortiges Erscheinen in der Zukunft nach dem Überqueren der Lichtgeschwindigkeit. - Und gerade das erzählen uns heute die in You-Tube eingestellten (?) Wissenschaftler, - und zwar völlig ernsthaft... In der eher irrealen Zeit-Vorstellung Einsteins, resultieren die Zeitreise-Wandlungen indirekt aus Axiomen der Relativitätstheorie... Einstein hat die Räume der Zukunft oberhalb des Lichtes als real gesehen und alle Weiter-Entwickler natürlich auch...*

Im Zusammenhang dieser gestreckten Logik noch eine fundamentale Frage:

Läuft die Zeitumkehr auch für die Myonen? - Denn wenn man die Sache nüchtern und mogelfrei sehen möchte, muss man unabdingbar zum wohl richtigen Schluss kommen, dass diese Teilchen in ihrem Flug zu Erde die Lichtgeschwindigkeit mehrfach überschreiten, obwohl das auf keinen Fall relativ-theoretisch „erlaubt ist"...

Eine transformativ-analoge „Hilfe" für die Theoretiker? (nur zum Entspannen)

Die Zeitumkehr-These, könnte auch gegen die wachsende Überzeugung für die Überlichtgeschwindigkeit der Myonen wirksam benutzt werden...

Vorschlag: Die Myonen überschreiten die Lichtgeschwindigkeit nicht, da die laut der Zeitumkehr These, ... sofort in der Zukunft landen müssten!

Somit würden die augenblicklich aus dem Beobachtungsfeld verschwinden!

Da diese weiterhin vom Himmel auf die Erde fallen, wo sie massenhaft nachweisbar sind, müssen diese Teilchen „logischerweise" irgendwie... langsamer als ... Licht – im - Vakuum fliegen... - wohl? 😊

Mit diesem pfiffigen Argument könnte man manchen Dozenten in YouTube, gute Konkurrenz machen. Denn das, was die dort manchmal bieten, ist auch nicht besser!

Inkonstante Atom-Uhrzeit... - Ursachen...?

Die Atomuhren auf der Erde gehen langsamer als im All. (Tatsache)

Ob die **Gravitation** oder sonstige Energien den langsameren Uhrengang bewirken sollen, ändert nichts in der Sache, dass die Lichtlaufzeit zum Mond und zurück kaum genau bestimmt werden kann...

Nicht nur die Uhrzeit, aber auch die (unsichtbare) Raumhindernisse verstärken vermutlich die Inkonstanz des Lichtes. Leider kann ich hier die Welt-Theoretiker niemals nachahmen und dem Raum als auch der Zeit Vorschriften machen, wie diese sich in der Nähe der Lichtgeschwindigkeit zu verhalten haben... Die in diesem Buch neu vorgestellte Theorie der Zeit, tut es nicht, weil das sinnlos wäre...

Die Wahrscheinlichkeit der neuen Zeittheorie ist wohl indiskutabel... Aber manchen Theoretikern gefährlich, da die sture Verteidigung der **Urknall** und Relativitätstheorie weiterhin verbissen geübt wird... Alternativen sind nicht erwünscht... Wieso, und worum geht es eigentlich in dieser Abweichung von der Realität, wird nicht erklärt.

Langsam musste man doch irgendwann...

Auf die heute schon veralteten Theorien würdig verzichten... Neben der UT und RT, ist auch die Zeitumkehr Theorie, völlig irreale Vorstellung... Mathematische Negativitäten der Zeit sind lediglich ein Mathe-Spielchen und die märchenhaften Zeitreisen funktionieren nur im Film. – Die Zeitdilatationen sind natürlich unter einer fraglich angenommenen **Absolutheit** der Lichtgeschwindigkeit mathematisch konstruierbar... Aber die Atomuhren laufen „neulich" **je nach ihrem Einsatzfeld der energo-gravitativer Konzentration unterschiedlich genau...**

Leider läuft Vieles nicht so, wie uns das die Herren Einstein, Lorenz und Minkowski zum Glauben gegeben haben... Wieso sieht man nicht, dass der Zeitfluss einem energetisch-gravitativen Umsatz des Raumes entsprechen musss? Ist man nur deshalb gelähmt, da Einstein und Lorentz in dieser Angelegenheit einer anderen Meinung waren?

Zeitfluss als Geben und Nehmen...

Zeitfluss zwischen den gesamtenergetischen Komponenten des optisch (als ob leeren...) Raumes und fester Materie (=konzentriertem Raum verschiedener Größe), ist einem Geben und Nehmen ähnlich. Die energetischen, ultra-gravitativen und gravitativen, elektromagnetischen, subatomaren und atomaren Formen stehen im dauernden Interaktionsverhältnis zueinander. Die Atome resorbieren die Umgebung, ersetzen die verbrauchte Materie und geben den Abfall ab. - So trivial dafür aber verständlich muss man das beschreiben... Jegliche festatomare Materie, energetische und subatomare Substanzen aller Art, üben dauernd eine Kommunikation miteinander... Ohne die überlichtschnelle, um nicht klarer zu sagen, augenblicklich schnelle Verständigung, würde die ewige interuniversale Physiologie Daseins zusammenbrechen. Die Gesetze Daseins scheinen es zu verhindern... - Eine laufende auch interuniversale Verständigung, läuft dank Geschwindigkeiten, welche die aktuell definierte Lichtgeschwindigkeit (seit gewisser Zeit: Vakuum-Lichtgeschwindigkeit) mehrfach, wenn nicht millionenfach überschreiten könnten...

Die Physiologie Daseins könnte mit Verständigungsschnelligkeit von nur 300 000 km/Sek sehr wahrscheinlich weit-distanziell nicht funktionieren, da die verschickten Befehle im dringenden Fall schon alleine in der Milchstraße nicht rechtzeitig ankommen würden...

Die Einschränkungen dieser Möglichkeit durch die relativistisch orientierten Theoretiker sind wohl sinnlos... Es gibt aktuell viele glaubhafte, gegen Axiome der sog. Naturkonstante sprechende Indizien... Deshalb dient die sture Verteidigung der mittlerweile fraglichen Unschlagbarkeit der Lichtgeschwindigkeit, eher dem sprichwörtlichen **Weiterklopfen des Gleichen**, *als einem die Erkenntnis treibenden Drang. Man hat bislang nicht mal ansatzweise eine nur Vermutung geäußert, dass der Raum möglicherweise doch über die Lichtgeschwindigkeit sprengende Informations-Übertragung verfügen könnte!...*

Thema Wechsel: - Strings, eine neue Euphorie?

*Intuitive Annahme der grundelementaren Existenzen im unsicht-bar-subenergetischen Bereich des Raumes? Die wohl semiintuitiv vermuteten Grund-Geschöpfe des Raumes **(Strings)** kann es nicht in der schön beschriebenen Form geben, auch wenn man diesen zehn oder zwölf Dimensionen aufgezwungen hat... Wäre das nicht zu ein-fach, da zu sehr überschaubar und zu viel „statisch"? Es gibt in den unerreichbaren Dimensionen, tausende Arten der parallel existen-ten Grundbausteine des Raumes, welche im Nanosekunden-Takt ihr momentanes Wesen, als auch die Wirkung ändern könnten...*

*So unergründlich könnte das Geburtsraum der sog. Grundbau-steine der Materie laufen. Die ultramomentane Wandlung der ele-mentaren Raumenergien dort, „wo man nicht weiß, was man ei-gentlich sieht", wird außer **Prof. Dürr**, kaum sonst noch Jemand für möglich halten können... – Schade schade....*

*Fazit: - Die grundmateriellen Geschehnisse vollziehen sich wohl in einigen subenergetischen Etagen, und auch vermutlich weit „unter-halb" der sich dauernd frei drehenden, multidimensionalen Strings. „Man muss doch mit dem Einfachen anfangen, um das Komplizierte erst im Anschluss zu verstehen. - Heißt es... Solange die Fragen, Ver-feinerungen oder noch mögliche Alternativen erlaubt sind, ist alles gut. - Eine Dogmatisierung der Strings-Theorie erfolgt hier nicht... Man soll den Autor dieser Theorie loben, da Er versucht in die dunk-len Geburts-Labyrinthe der Urmaterien einzudringen! - Lob welches man keineswegs an alle You-Tube-Dozenten verteilen könnte... Man kann nicht das gut heißen, was man nicht akzeptieren kann... In die-sem Fall, soll man der Klarheit einer Theorie zuliebe, zumindest er-klären dürfen, weshalb manches Resonieren kaum glaubhaft sein kann. Aber das ist nich immer leicht... - Weil geschäftsschädigend? Eine sachliche Kritik **belebt** aber zweifellos auch die Wissenschaft...*

Die substanzlosen (idealen) Welten? – Die.... gibt es nicht...

Man sucht nach Grundmaterie... Denn die Möchtegern-Vision, einer a-materiellen Welten im idealen Raum eines möglichen Jenseits, ist ein Überbleibsel der (verständlichen) mittelalterlichen Vorstellung... In den möglichen multienergetischen Welten Jenseits, fließt auch die Zeit. – Denn überall dort, wo jegliche Art von Materie[60] vorhanden ist, fließt ihr energetischer Umsatz. - Das bedeutet, dass es keinen kleinsten Ort in der Unendlichkeit Daseins geben kann, wo die Zeit nicht fließen würde. Diese Behauptung ist diesmal **keine Hypothese**...

Eine Zeitlosigkeit in jeglichen Anfangs-Singularitäten kann nur ein Unsinn sein.

Viel wichtiger wäre die Frage: - Wie konnte Prof. Hawking als Physiker, auf diese Idee überhaupt kommen? - Suggestion der Kirche? Jenseitswelten können nur multi-energetisch sein. Diese Räume Daseins sollte man sich als tausendfach komplizierter und komplexer vorstellen, als die Strukturwelten der uns bekannten Materie...

Daseins Stärke ist eine wandelbare Energo-Materialität seiner für uns nur schwer zu begreifenden ultrasubstanziellen „Physiologie"...

Die bislang favorisierten Begriffe des Jenseits, interpretiert als ein ideales[61] Reich Gottes, sind wohl heute kaum ernsthaft annehmbar...

Dasein in seiner Unendlichkeit der Möglichkeiten ist eine Substanz. Dasein existiert ewig in seiner Gegenwart. - Es kennt kein Vergehen, obwohl sein Zeitfluss dauernd läuft... Den Zeitfluss erleben nur die endlichen Formen seiner Schöpfung. **Dasein** selbst, kennt keine Vergangenheit und keine Zukunft. - Sein Zeitfluss ist sein ewiges Sein, und eine Kunst des Dauerns in seiner ewig reproduktiven **Gegenwart**...

Auch Stoffwechsel unter den energetischen, gravitativen und subenergetischen Substanzen, schöpfen Zeitfluss... - Nicht für diejenigen, die vor lauten Bäumen den Wald nicht sehen wollen... - Hmmm...

---

[60] Materie ist eine komprimierte Energie. Energien und Gravitationen sind Materie...

[61] Ideales = Nicht substanzielles (a-substanzielles) Reich Gottes. – Eine Art vom NICHTS...

Diskussionen zu Fraglichkeit der beiden Theorien nicht erwünscht?

Wieso hat man Kritisches oder zumindest Diskutables dazu in den akustisch-visuellen Medien seit Jahrzehnten nicht verfolgen können? Würde sowas etwa... eine unbequeme, oder vielleicht doch nicht erwünschte Sendung sein? – na das wäre doch recht beunruhigend...Überlichtgeschwindigkeiten, im Raum sind nachgewiesen... Trotzdem großes NEIN dazu? Manche Theoretiker haben schon ihr Handtuch geworfen.. – Natürlich blieb die Ursache der Resignation ***ohne persönliche Kommentare...***

☼☼☼

Zum Thema: - Mit nur Lichtgeschwindigkeit, würden sowohl die energetischen Welten, als die atomaren Welten "ihren gesetzlichen Zusammenhalt kaum aufbauen können. - Was hätten Universen von einer tausend Jahre laufenden Anweisung, in einer nötig angeforderten Sofortreaktion? Die fast augenblicklichen Geschwindigkeiten der Raumverschiebung, gab es schon mal in den ersten Sekunden nach dem Urknall, um es erneut zu wiederholen... Heute muss nach dem Willen der theoretischen Wissenschaft die lichtschnelle Informationsübertragung völlig reichen... - Nicht ohne Interessen dran? Glaubwürdiger ist: Was damals möglich war, ist weiterhin im Universum gang und gäbe! - Eine Behauptung „Nichts ist schneller als Licht" sollte man als ein recht ***kurzsichtiges Axiom*** bezeichnen...

☼☼☼

Die folgende Behauptung würde schon viel diplomatischer wirken:
„Wir kennen im Moment wohl nichts, was schneller als das Licht sein würde"
Aber auch diese Empfehlung erübrigt sich nach Auswertung der aktuellen Tatsachen. Dreifache Lichtgeschwindigkeit im Cäsium nachgewiesen? - Man startete sofort eine Relativierungs-Kampagne...
Wie lange kann man noch die antirelativistisch wirkenden Indizien unterdrücken, oder diese weiterhin irgendwie... verklärend erklären? Deshalb dürfen manche Erklärungen der medienwirksamen „Raumfunktions-Theoretiker", auch dann skeptisch betrachtet werden, wenn auf den ersten Blick noch alles gut zu leuchten scheint...

Überlichtgeschwindigkeiten und Eiertanz der Theoretiker...
Die Myonen sind nicht überlichtschnell! – Dieser Eindruck ist nur ein Effekt der Zeit-Dilatation, - heißt es... Um die Relativitäts-Theorie noch zu retten? Myonen wurden für diese Rolle sogar **zu Bezugssystemen befördert...!**
Können Myonen als Bezugssysteme in ihren Fähigkeiten überzeugen...?
☼

Die Neutrinos konnten es im Flug von Genf nach Gran Sasso merkwürdigerweise nicht! – Hat man hier die rettenden Lorentz-Transformationen vergessen? Man könnte die Neutrinos analog zu Bezugssystemen ernennen, Zeit dilatieren lassen – fertig! ☻ und nicht mit dem kaputten Kabel winken...
☼

Die überlicht-schnellen **Teilchen namens Tachyonen,** können theoretisch nur oberhalb der Lichtgeschwindigkeit agieren... Relativistisch gesehen nur in der Zukunft!... Lichtschnell und tiefer können die nicht fliegen, da sie mit sinkender Geschwindigkeit ihre Energie erhöhen müssen. Außerdem müssten diese bei der nur Lichtgeschwindigkeit eine ... Null-Größe (Lorentz-Transformation) annehmen... Kurz: - Die würden verschwinden!
Da ein Überschreiten der Lichtgeschwindigkeit in der Gegenwart unmöglich sei, - fliegen diese ausschließlich **in der Zukunft**... ☻ Leider so ist die Logik mancher Wissenschaftler... Weshalb der Unsinn?... Da jedes Filmchen, wohl... egal welcher Inhalt, doch bezahlt wird...?
☼

Die **dreifache Lichtgeschwindigkeit** im Zäsium ist nachgewiesen! Man spielt es herunter... Inkonstanz des Lichtes im Raum? – **Na jaa** „nur im Wasser, im Glass, Plexiglas viel langsamer, im Cäsium 3-mal schneller, - „aber das ist **angeblich kein Argument** für eine inkonstante Übertragung der Information!"
Noch vor einigen Jahren hieß es: - In keinem Medium möglich!
☼

Ein Hit! - Quasaren-Jets mit elffacher Lichtgeschwindigkeit? - Man hat dieses Phänomen mehrmals erwischt! - Leider spricht man nicht gern darüber.

Weitere Fragen und vernünftige Antworten...

● *Ist die Zeit mit einer Bewegung der Energie verbunden?*
@ *Ja. - Zeitfluss ist Austausch der Energien und Gravitationen.*
● *Explodierte die Anfangssingularität in die absolute Raumlosigkeit, da außer der Singularität nichts mehr existieren soll?*
@ *- Das kann nur ein pseudowissenschaftlicher Unsinn sein...*
● *Eine externe Raumlosigkeit, in welcher sich unser Urknall ausbreiten soll, übte (laut mancher Theoretiker) einen Sog aus. Vollzog sich dank diesem die anfängliche Expansion des Urknalls schneller?*
@ *Die Vermutung könnte nur dann richtig sein, wenn es eine Raumlosigkeit (ein NICHTS) überhaupt geben könnte...*
Es gibt eine intellektuelle Montagsleere... - die gibt es zweifellos...
● *Aber die pro thomistische Weltgeburts-These behauptet das eben...*
@ *Ja... Aber diese Philosophie „begründet" nur die heiligen Dogmen der Kirchen und ist ohne Zweifel dieser Macht untergeordnet... Jede befangene Theorie soll man auch deshalb mit Vorsicht genießen...*
● *Und was mit den einstigen Überlicht-Geschwindigkeitsträgern?*
@ *Die Träger dieser Geschwindigkeiten bleiben ewig einsatzfähig.*
Man muss diese erst Finden... Und ... man konstatierte im CÄSIUM eine Lichtgeschwindigkeit, welche 3 x C schnell ist! – Und was jetzt? Die dreifache Lichtgeschwindigkeit im Cäsium-Raum ist eine Sensation, welche manche Theoretiker wohl ärgert... - Kommen jetzt etwa diese Entdeckung erklärende... Verklärungen? - Die sind schon da...

Aber die verkauft man uns nicht ohne einen Gewinn gemacht zu haben... Man versucht jetzt mit dem Faktum, mindestens die Zeitumkehr-These Einsteins zu unterbauen... - Man hätte **den Eindruck**, *als ob der in erhitztes Cäsium eingeleuchtete Lichtstrahl..., auf der anderen Seite des Cäsium-Tunnelchens, rausgekommen ist , bevor man es darein reingelassen hat...!!!*

Manche Theor. Wissenschaftler glauben noch an Existenz eines..... Nichts !
Manche idealistischen Theoretiker korrigieren einige ihrer umstrittenen Inhalte nicht zuletzt dank der Kritik aus dem „Volk der Laien."
Das ist aufbauend... Die aktuelle Dialektik der Wissenschaft ist wie ich meine notwendig, um im gegenseitigen Kampf der Konkurrenzideen, eine möglichst wahrscheinliche Theorie der lokalen Kosmogenese - (da die These der Raumbildung und eines Zeitentstehens erst im Urknallgeschehen völlig sinnlos ist,) zu konstruieren... Diese Wandlung ist für die wissenschaftliche Epistemologie nötig. Die kann aber nur dann geschehen, wenn man den Wissenschaftlern, als auch der Kritik, eine Freiheit der Meinung erlaubt... - Hmm...
In nicht ganz wenigen Fällen, muss sich diese auf dem Papier stehende Freiheit, der nicht sofort durchsichtigen Kontrolle beugen.
Was in der Kirche gängig, da dienlich ist, muss von der Wissenschaft nicht unbedingt begleitend übernommen werden...
Zeit und Raumentstehen erst im Urknall einer raumlosen Anfangs-Singularität, ist eine kreationistisch angefärbte Schöpfung aus dem Nichts... - Diese ist zwar nicht der biblischen Vision gleich, aber der neo-thomistischen Kosmogenese, je nach Auslegung ähnlich...
Es müsste nachvollziehbar sein, dass in der Raumunendlichkeit Daseins, viele urknall-ähnliche Geschehnisse der unterschiedlichen Größe laufen müssen, wo es zu einer unterschiedlich intensiven Entfaltung der zuvor komprimierten Materie im Raum kommt... Ein Beispiel dafür könnte durchaus die Ligo-erfasste Kollision der sog. Schwarzen Löcher sein, welche auch unser Raum etwas zittern ließ...
.Aber Zittern heißt nicht gleich „zittern vor Gravitationswellen". ☺
Eine lokale Raumdehnung, welche diesmal an Theorie des Weltgenesis nach *Steinhardt & Turok* erinnert? - Der neu expandierende Raum wird später feste Agglomerationen in sich schöpfen... Obwohl die neue Raumdehnung diesmal viel kleiner als im Urknall war, ist es ein für Steinhardt & Turoks Theorie sprechendes Beispiel.

Soll Raum und Zeit entstanden sein?

*Eine dauernd gestellte Frage die zeigt, wie wichtig diese Frage ist... Realistischer wäre es zu glauben, dass der unendliche Raum schon immer existent war, und ein **Energieumsatz** zwischen der noch unreifen **Singularität** und ihrem **Umgebungsraum** (=lokaler **Zeitfluss**) dauerte. Eine Existenz der Raumlosigkeit, befürwortet nicht nur die Theologie ... Man kann aber im Bereich der thomistisch geprägten Philosophie diese Überzeugung nur dann haben, wenn man sich entweder den religiösen Axiomen nicht widersetzen will, oder Interesse hat diese zu unterstützen... Ein unkritisches Verbleiben in der idealistisch geprägten Gnostik, ist eine Sache der eingeprägten Betrachtung... Und diese ist nicht selten stärker als eine kritische Vernunft.*

Eine a-substanzielle Idea (Gott) kann man auch nicht erforschen... Das ist vielleicht ein Vorteil des klerikalen Idealismus, sagen manche Kleriker und erzielen damit nur Inkonsequenzen, denn Gott beschreibende Inhalte in der Teodicea, sehr umfangreich sind... Man beschreibt Gott so, als ob man Ihn höchstpersönlich kennen würde... Auch manche Welttheoretiker sind im Drang eher Zweifelhafte Theorien propagieren zu müssen nicht viel besser.

Nur als Unterhaltung:

Eine der Journalistinnen des N-TV Unterhaltungsdienstes, besuchte mal Raumfahrt-Zentrum wo neben Raketen Kosmonauten und galaktischen Bildern eine erweiterte Diskussion zum Thema Universum entstand...

Es kam auch zu Frage: **Wie war der Urknall?** *(NTV Bericht: - August 2010) Einer der Doktoren des Deutschen Raumfahrtzentrums erteilt ihr eine kaum überraschende Antwort: - Es gab keinen Knall... > Die anscheinend im Problem gut orientierte Journalistin, pochte dennoch auf eine erweiterte Erklärung dieser Lautlosigkeit... Ganz einfach, meinte Dr. ☼: - „Für einen Ton braucht man einen Raum, indem sich Ton ausbreiten kann. .Aber diesen Raum gab es damals noch nicht. - Da hat es nicht „Bumm" gemacht und plötzlich war das Universum da"... (Zitat-Ende) – Hmmm...*

Na jaaa... Jetzt wissen wir es... - So raumlos soll es mal um die Explodierende Anfangssingularität gewesen sein, denn... Einstein dieser Meinung war, Hawking ebenso... Es muss also so gewesen sein, nicht wahr? -

Meine Bitte: *Bloß das alles nicht den Kindern erzählen! - Sie lachen uns aus, wenn sie erwachsen werden... - Unsere Kinder sind heute sehr pfiffig...!*
Und schon gar nicht irgendwelche Doktoren nach solchen Sachen fragen...
Denn man zweifelt dann in völliger Verwirrung an eigene Zweifel.

Sollten die Kinder trotzdem Fragen:

Was war überhaupt vor dem Urknall, und wieso die Singularität ein Punkt sein musste? - bitte ablenken oder Thema wechseln... Sonst muss man irgendwie plausibel erklären können, - was ein „Nichts" ist...
Fragen Sie lieber ihre Kinder, was sie dazu meinen... – Denn ihre noch ungehemmte Intuition, müsste weitgehend frei erreichbar sein...
Das alles genau zu wissen, oder fest daran zu glauben, können nur die Welt-Theoretiker und... die wissenschaftlich interessierten Theologen...
Ob die das auch ihren Kindern gut erklären können? - *Lassen wir es lieber...*

Sollten Sie doch einen unüberwindbaren intellektuellen Drang spüren, ihren Kindern eine allgemeinbildende Gute-Nacht-Geschichte erzählen zu müssen, empfehle ich herzlich:
Niemals mit dem sog. weltschöpfenden Urknall anfangen. Die Kleinen können ganz schnell skeptisch werden... – Tjaaa... - Was antworten Sie denn, wenn die unerwartet fragen: - Papa, Mama, wie konnte denn die Zeit erst im Urknall entstehen...? - Oder noch viel schlimmer:
Was sagen Sie, wenn die plötzlich fragen: - Papa, - kannst Du mir bitte erklären, was eine Raumzeit ist? - Hier meine empfohlene Antwort:
Mein Schatz, ein Zeitfluss läuft schon im Multiversum seit Ewigkeit und die Raumzeittheorie ist... ein Märchen ... nur für Erwachse...

Urknall und Relativitätstheorie...

Die zusammenstimmende Kongruenz zwischen der Relativitätstheorie, der Urknalltheorie und Quantentheorie wird in vielen Versuchen zusammengebastelt. - Mit Erfolg? – Eemm... - Tjaa...
Die Relativitätstheorie protzt mit Unbeirrbarkeit Einsteins, und hinter der Urknalltheorie steht Hawking plus die beiden Weltkirchen...
Die Situation ist nicht einfach... Könnte hier die Politik schlichten??
Die Zuversicht der sich damit beschäftigenden Wissenschaft, eine angestrebte Übereinstimmung, aller beiden (UT & RT) inkongruenten Theorien zu konstruieren, bröckelt... - Das stur angestrebte Unterfangen ist leider nicht möglich... - Und wieso nicht...?
Weil alle drei Theorien Behauptungen präsentieren, welche sich im Kern widersprechen. - Kein sehr gutes Zeichen für einen Erfolg...
Und: - Wenn diese kaum wahr sein können, werden die keineswegs verworfen, was eigentlich ein gerechter Weg sein müsste. Man sucht und findet immer was Unterstützendes, Abschließendes... Man wird kreativ, was die Neugier der Menschheit zeitweilig stillt...
Man entdeckt schnell die „Gravitationswellen", oder, man bastelt eine nächste sub-Theorie, welche C Überschreitung verhindern soll. Beispiel: Der Myonen-Flug... via Lorentz-Transformation!
Und wenn auch das nicht hilft, konstruiert man eine dritte Theorie, welche die beiden Ersten besser untermauern soll... - Man gibt nicht auf, obwohl man längst ahnt, dass ein dünnes Eis brechen wird...

Erkenntnistheoretische Bedenken

Sind die uns Vorgetragenen Entdeckungen und Veröffentlichungen vieler Experimenten-Resultate im Hause der theoretischen Wissenschaften immer wahrhaftig und indiskutabel? – Das wäre schön...
Wieso entstehen Zweifel und skeptische Diskussionen? – Es gibt kein Rauch ohne Feuer... Die Bedenken werden bagatellisiert oder gebremst... Man betrachtet manche Sachkritik als *eine Art... Verrat...*
Diese unkluge Betrachtungsweise bringt uns allen nichts Gutes...

Ungeachtet dessen ist man doch noch berechtigt zu Fragen:
- *Betreten die Theoretiker falsche erkenntnistheoretische Wege...?*
- *z. B: - Eine Annahme und Dogmatisierung der universalen Licht-konstanz und einer absolut höchsten Geschwindigkeit des Lichtes?*
- *Dauernde Selbstverständlichkeit dieses vermutlichen Fehlers?*
- *Indoktrinierung dieses Fehlers in der Relativitätstheorie...?*
- *Einmauern dieses vermutlichen Fehlers in die moderne Physik?*
- *Eine doch sinnlose Konstruktion der sog. Raumzeit?*
- *Die Übereinstimmungsversuche der Urknalltheorie mit Relativi-tätstheorie und Gravitationswellen-Theorie... überhaupt machbar?*
- *Euphorische Erfolgsmeldungen ohne ausreichenden Grund?*
- *Vermutliche Unfähigkeit eine sinnlose Theorie fallen zu lassen...?*
- *Eine Unfähigkeit, dem Steuerzahler teure Fehler zu gestehen...?*

☼

Eine reale Vorstellung des Möglichen und eines nicht Möglichen...

Eine bewusste idealistisch-religiöse Anfärbung der Urknalltheorie?

• *Man soll aus einer nicht wiederlegten und zugleich vorstellbaren Tatsache ausgehen, dass ein Begriff „Nichts" lediglich ein materiel-les Substrat des Begriffes sein kann, welches einfach gesagt, als nur e-bissl Tinte im Wort „Nichts" auf dem Papier existieren kann.*

• *Eine Existenz eines ideal-philosophischen „Nichts" ist eine Illusion.*
An Existenz dieses Baustoffs glauben insbesondere diejenigen, die indirekt davon leben können, oder diejenigen, die selbst nicht ent-scheiden können, ob „ein Nichts" existent sein könnte, oder nicht...
*Deshalb würde auch die mediale Diskussion zum Thema: „**Nichts",** mit der klerikalen Mitbeteiligung, durchaus interessant sein...*

• *Der unendliche Raum ist eine in seinen unzähligen und wandelba-ren Arten, eine lückenlose Substanz. - Substanz mit allen sie aufbau-enden und abbauenden energetischen, gravitativen und sonstigen noch unbekannten Mechanismen seiner Anatomie und Physiologie...*

• *Man merkt keine Einsicht, dass diese kaum überschaubare Macht, ihre Physiologie und Funktionsgesätze der lokalen Welten nach Bedarf ändern kann. Dieser Eindruck scheint sich bestätigen, je genauer man sich die kosmischen Raumgeheimnisse anschaut...*

• *Die physikalischen und sonstigen Gesetze, welche in unserer „kosmischen Nähe" gelten, sind **vermutlich nicht** in allen energo-substanziellen und fest-materiellen Dimensionen des Raumes anwendbar...*

Schon ein Nachweis *einer, der vermutlich vielen Überlichtgeschwindigkeiten, (was gerade geschehen ist) würde den verständlichen **Wunsch** der Wissenschaft nach Geltung unserer Natur-Gesätze im Universum, **eine Sinnlosigkeit** des dogmatischen Theoretisierens über Universums nach sich ziehen ... Das will man scheinbar nicht...*

Überlichtgeschwindigkeiten?

Die gab es. Aber nur damals, im Urknall, behauptet man beharrlich. Hmm... - Wollen wir etwa unserem Multiversum was verbieten, oder vorschreiben? Das versuchen die Welttheoretiker schon länger...

*Denn die Theoretiker wollen uns vermutlich **zum relativistischen** Glauben an eine Schrumpfung des Raumes, und zeitverschwinden und einer Null-Geschwindigkeit der Rakete an der nicht erreichbaren Licht-Grenze bewegen, wo oberhalb dieser nur Tachyonen fliegen dürfen, aber Cave: in einer, mit Zeitumkehr bedingten Zukunft!* 😄 *Auch Gravitation muss Wellencharakter haben... da dies eben Einstein gesagt hat... Wann wird man bereit sein, selbständig zu denken? – Vor allem junge Generation erwartet das... In der Wissenschaft kann man das: - „Leben und leben lassen", nicht gutheißen...*

Was tut man wenn die Relativitätstheorie und Urknalltheorie abdanken? Sichert man sich mit einer weiteren Suche der vermeintlichen Gravitationswellen, oder der wohl länger dauernden Realisierbarkeit der Tachyonen-Theorie, neue Gebiete für eine weitere Beschäftigung ab? – Eine wirklich komische Frage... - aber keine dumme...

Und die liebste Frage: - Existierte Irgendwas vor dem Urknall...?

Der unmöglich existente **Kein-Raum**[62], oder besser ein „NICHTS" in bekannter Vorstellung der Urknallisten „existiert" noch heute! Universum expandiert, wie es heißt weiter mit wachsender Geschwindigkeit, vor sich hin in der... > Raumlosigkeit, und kein Theoretiker wagt sich diesen blanken Unsinn infrage zu stellen. Man kennt sich. Man sucht die Ursachen, welche damals die Überlichtgeschwindigkeiten rechtfertigen würden. Diese Geschwindigkeiten gab es im einzig existenten Urknall-Universum nur ein Mal. „Heute ist das nicht mehr möglich"... So die (RT-rettende) Erklärung der Theoretiker... Es gibt dafür keine Notwendigkeit! - So „begründet" die theoretische Wissenschaft die Absicherung der eigenen „Überzeugungs-Gesetze"! Bei einer Annahme vieler Universen, würde diese „Argumentation" ihre Kraft verlieren... Man muss auch dringend vermuten, dass unser Urknall nicht der Einzige in der Physiologie der Unendlichkeit gewesen war... Man kann somit ebenso **dringend** annehmen, dass die Lichtgeschwindigkeit überschreitende Transportmechanismen der Information, auch aktuell im Raum funktionieren...

Ganz zu schweigen über die Theorie der absoluten Bewegungslosigkeit und somit auch Zeitlosigkeit innerhalb Anfangssingularität! Diese Idee scheint die Theo-Retiker irgendwie zu überzeugen, da im punktgroßen Protonnenball „kann sich doch nichts bewegen!"... 😼?

Kein Proton bleibt inaktiv! - Die Interaktionen mit Umgebung laufen immer! – Kein Teilchen im Universum existiert ohne Interaktionen!

Nur im Märchen (Dornröschen) kann alles stehen bleiben. Das muss man heute, im 21 Jahrhundert manchen Denkern noch Erklären... Die Idee der Raumlosigkeit in der Singularität im Konzept der Weltschöpfung kann heute nur mit Schmunzeln begleitet werden...

---

[62] Ein hier erfundener Begriff, welcher weiterhin als NICHTS, der weiteren Expansion unseres Universums „ein Zuhause" bietet.   Anders: - „Das", was nicht existent sein kann.

Überzeugend aber ist, dass im angenommenen Geburtsort unseres Universums, bewirkte der innere, mit Außen Stoffwechsel betreibende Raum, einen massenhaften interaktiven Zeitfluss... Die unglaublichen Mengen des energetischen Stoffwechsels waren nötig, um ein erlösendes Ungleichgewicht zu verschaffen und die Selbstbefreiung im künftigen Urknall zu erreichen... Die Größe des Komprimierten Ur-Raumes war keine Punktgröße... Ein Protonen-Raum der Sonnengröße anzunehmen, wäre hier schon viel realistischer...

Die Intensität des Energiewechsels verlief inkonstant, da der Energien liefernde Umgebungsraum, sich in einer bewegenden Inkonstanz seiner Dichte immer befindet. Den Energiewechsel koordinierte vermutlich die Mutter-Aura der „Hawkings-Schale"... **Die Kreationisten**[63] wollen in der Singularität eine absolute **Raumlosigkeit und Bewegungslosigkeit** durchsetzen. - Die Behauptung: „Zeit und Raum entstanden erst im Urknall", lässt sich kaum vernünftig verteidigen lassen, da eine Bewegungslosigkeit in der Anfangssingularität nur ein Unsinn sein kann! - Die Hauptansätze für diese Theorie hat der Geistige (G. Lemaitre) konstruiert. - Ein (für mich) Indiz dafür, dass eine objektive Sicht der Weltgeburt, eher nicht zu erwarten war...

Kritisch: - Würde diese idealistisch-theoretische Poesie war sein, so würde es niemals zum Urknall kommen können! - Würden die Urknall-Kreationisten auf diese Prosa verzichten, so müssten sie auch dann zugeben, dass dort, wo die Materie in welcher Existenz-Form auch **immer** da ist, die energetischen und gravitativen Interaktionen[64] stattfinden müssen! - Diese bedeuten aber nichts anderes als einen **variablen Zeitfluss**!. - In den Sternen läuft er anders als in den schwarzen Löchern... In den im All platzierten Atomuhren anders, als in den auf der Erde platzierten Zeitmessern... - Aber - er läuft!

---

[63] *Religiösen Wissenschaftler. Thomisten.*

[64] *Physikalische Kräfte*

Alles universal Existente, ist eine Substanz. - Das verkennen verständlich Ontologen und manche sich wissenschaftlich darbietenden Theoretiker! – Das Existente war und wird immer ein: **IRGEND-WAS** sein... Energien, Subenergien, Gravitationen und variable Grundsubstanzen, kurz: - Der als ob leerer Raum, ist eine existente Substanz...

Ein **NICHTS** kann nicht existieren! - Es gibt noch heute bekannte Befürworter des als ob existenten Nichts, aus dem die Welt im Urknallgeschehen endstanden sein soll... - Vor allem im philosophisch-kosmologischen Bereich des laufenden, idealistisch geprägten und lobbyistisch unterstützten Proselytismus, ist das ein Grundsatz... Die Zeit und Raumentstehung aus dem Nichts nach der biblischen Art? Und das vom Mund eines populären Wissenschaftlers? Leider ja...

Jede Aktion und jede Änderung im lokal-universalen Sein, bedeutet einen multi-energetischen Stoffwechsel sowohl in diesem Raum, als auch (interaktiv) in den unmittelbar grenzenden Nachbar-Räumen.

Der Urknall kam niemals aus einem idealistisch favorisierten Nichts !...

Zeit ist niemals entstanden, und Raum der Anfangssingularität, in der kreationistisch angepassten Null-Größe, empfinde ich als Verachtung der Intelligenz eines denkenden Menschen von heute...

Die informative Korrespondenz und Energiewechsel zwischen der festen Materie und jeweiligen Energien und Grundsubstanzen des Raumes, laufen dauernd und verursachen einen lokalen *Zeitfluss des Raumes*... Und dieser lief und läuft schon seit Ewigkeit... Noch eine, der Überzeugung dienende Behauptung die kein Dogma, sondern reine Physik ist...

Anderes Thema: - Weltformel? - Für die Welttheoretiker ist eine bahnbrechende Weltformel, in welche alle Gesetze eingepackt werden könnten, erstrebenswert da diese, wie man meint machbar ist. Nur mit wahrhaftiger Zeitvorstellung könnte diese Formel vielleicht (?) erfolgreich sein. - Somit wäre es gut ratsam, das Märchenhafte zu vergessen, da dessen Weiterentwicklung teuer und dazu sinnlos sein wird... Aber, - solange der Steuerzahler widerspruchslos zahlt.... Hmmm...

Was war denn das berühmte Opera–Experiment...?

Was hindert uns, die Lichtgeschwindigkeit noch mal zu vermessen? ...Dachten sich im Frühjahr 2011 die Schweizer Wissenschaftler der in Genf ansässigen CERN Organisation und taten es auch...

*Die Physiker hatten aus einem Opera-Detektor in Genf, einige Pakete von Neutrinos nach Gran Sasso in Italien gesendet, wo ein Empfänger dafür schon vorbereitet war. Die Strecke von 731 km und 278 m, bewältigten Neutrino-Pakete mit einer Überlichtgeschwindigkeit! - Die Neutrinos waren am Ziel 53 Nanosekunden schneller als relativitäts-theoretisch erlaubt! - Umgerechnet **16 Meter zu schnell**! Eine für diese „Mikroentfernung" eine sehr beachtliche Differenz...*

Man hat das Experiment mehrmals wiederholt, auch mit viel kleineren Neutrino-Paketen. Das Resultat war fasst gleich dem Ersten. Nach dem Schock hat man die Detektoren erst mal unter „Arrest genommen" und mehrmals überprüfen lassen. Die Zeitungen berichteten von lockeren Kabeln... Die Frage: Was jetzt? - war deutlich spürbar. - Die Mitarbeiter waren sichtbar schockiert. Die Konsequenzen dieser Messung konnte man sich sehr leicht ausmalen... In YouTube Reportagen konnte man die angespannten Gesichter insbesondere das, der darüber berichteten Physikerin gut beobachten...

***Panik beherrschte die Detektorlaboratorien**. - Man habe ein Kabel (zwischen Frühling und Herbst) gewechselt und wie es hieß, auch sonstige Unklarheiten beseitigt... Nach vielen technischen und sonstigen Überprüfungen veröffentlichte CERN die Endresultate erst im September 2011... Im Jahr 2012 wurden erneut Neutrino-Pakete nach Gran Sasso geschossen. - Ergebnis: Die Neutrinos waren immer noch **9 Nanosekunden zu schnell**... Das ist **2,7 m. pro 730 km,** eine signifikante Zahl für diese Entfernung. Die Anderen ins Geschehen eingesetzten Detektoren, wie LNGS oder IKARUS–Detektor, meldeten selbstverständlich die „Übereinstimmung"... Hat man uns etwa die genauen Ergebnisse dieser... sog. Übereinstimmung mitgeteilt...?*

Man arbeitet an einem neuen „Zeitnahsystem", um wie es heißt, die Präzision zu erhöhen. - Einfluss Bosonen auf Detektor? Zeiterrechnungsmethoden nicht genau? Gibt es sonst keine klügeren Gründe, um den unerwarteten OPERA-Fehlschlag (?) zu erklären...?
Wieso setzte man endlich die ganze Hoffnung auf ein lockeres Kabel? Die später wiederholten Messungen waren schon „besser", aber weiterhin noch Überlicht-schnell. Ist die Anpassung der Kabelleitungsfähigkeit misslungen? – Dieser Schluss könnte wohl richtig sein...

Ist Alles schwieriger geworden als anfänglich gedacht?

Ist eine feste Materie ein funktionierendes Depositum vieler Energien? - So ist es... Der Umkehr ist im Universum laufend zu beobachten. Und zwar eher nach der Vorstellungsformel: $M = E$. Aber, wie viel M? - Und wie viel E? - Das kann man nicht genau erfahren, denn in der Energetisierung der festen Masse, nehmen auch die Energien und Gravitationskräfte des Umgebungsraumes teil. Ähnliche Kräfte und Substanzen wirken auch im Aufbau u.a., der atomaren Materie. Das nimmt bislang kaum jemand an!...

Eine zeitgemäße Annahme, dass die multiplen Umgebungsenergien des Raumes in allen interaktiven Vorgängen der verfestigten Materie eine existenzielle Rolle für diese Materie spielen können, ist heute noch eine auf die... *erleuchtende Entdeckung wartende Raumeigenschaft...*
Der Energie-Umsatz ist bislang vielmehr sagenhaft, als das Ei des Kolumbus... Es ist berechtigt zu fragen, (ganz zu schweigen vom C^2 Herleitungsproblem) *ob* eine theoretische Gesamtkonstruktion der Behauptung: $E = mc^2$ als glaubhaft betrachtet werden könnte... (?)
Man kann sich zwar auf eine „In-Etwa-Menge" des Energieumsatzes bei Sprengung eines beliebigen Atomkerns „einigen", aber in der Wahrheit weiß man nicht, (da man bis heute auf die Idee nicht gekommen ist), wie viel *Gewichtsmenge der Raumenergie* in so einer E -Austausch-Reaktion teilnehmen könnte. Für viele freien Theoretiker von heute, sind Energien... so in etwa... ein massenloses „Nichts".

Ist Masse gleich Energie? *- Ja... Aber doch nicht zum C²...*

Die Konstruktion: *E=mc², gleicht eher einem guten Glauben Einsteins, mal endlich was Tolles und Beeindruckendes konstruiert zu haben... Wahrhaftig sei diese schöne runde Formel wohl ein mathematisches Eigentor des Erfinders... und vor allem der aktueller Neorelativisten!*

*Denn Masse ist gleich Energien. – Aber doch nicht zum schönen Quadrat! Nicht, da unabhängig von der geheimnisvollen Herleitung, die energetische Beteiligung des unmittelbaren Umgebungsraumes in jeglichen Raum-Reaktionen ebenfalls nicht berechnet werden kann... – **Somit kann der berechnete Energie-Umsatz jeglicher energetisierenden Masse, nur ein Flop sein...** Eine wahrhaftige mathematische Erfassung des Energieumsatzes im Sinne einer adäquaten **Formel**, schwebt erstmal in den Wolken...*

☼☼

Was ist mit der „konstanten und nicht überschreitbaren" Lichtgeschwindigkeit?

● ***Tachyonen*** *(Teilchen) deren Zwangs-Überlicht-Geschwindigkeit, glaubhaft ist, **aber nicht** die daraus resultierende **Zeitumkehr These**...*

● *Ein wohl überlichtschneller Flug der **Neutrinos** von Genf nach Gran-Sasso im weltberühmten **Opera-Experiment**, erfolgte „komischerweise" ohne die obligate Wirkung der Lorentz-Transformationen... (!) ...*

● ***Myonen***, *die im lichtnahen Flug, gerade das können, und ihren Raum kürzen, als auch die Zeit dilatieren können? -(You Tube: Myonen.) Anwendung der sog. Lorentz Transformationen für Erklärung der **mehrfach** überlicht-schnellen Myonen, überzeugen mittlerweile nicht. Die Relativitätstheoretiker beschleunigen selbst in der komplett widersprüchlichen Verteidigung dieser Theorie, ihr baldiges Ende...*

● ***Variable Lichtgeschwindigkeit*** *im Vakuum, Luft, Wasser oder Glass... Tatsachen, für welche feste Beweise sprechen. - **Im Cäsium** läuft der Lichtstrahl sogar 3xC, das heißt: etwa 900 000 km/Sek... Aber das sind nach Meinung des Theoretikers nur die verschiedenen „Stufen der Lichtgeschwindigkeit" - keine Licht-Inkonstanz !.. (s.You-Tube)* 😃

Kann der Raum Übertragungs-Inkonstanzen bewirken?

*Das tut er, und zwar gegen Proteste der Apologeten... Denn mache fast kindisch klingende Verteidigungs-Argumente drohen zu kippen. Multiuniversum ist ein unendlicher und denkender Raum. Alle lokalen Formen seiner Existenz sind als ein unterschiedlich stark komprimierter Raum zu sehen... Als ein komprimierter Mini-Raum sind auch Teilchen und Atome zu bezeichnen... Die größeren Raum-Agglomerationen, wie Planeten, Sterne oder schwarze, drahlartig geformte Löchern, - als auch die feste Materie energisierenden Tunneln, sind nur Räume... Die Physiologie Universums ist unergründlich! - Das was hier als ein „**Beweisargument a-la Kardinal**" klingt, ist leicht auf Papier zu schreiben, da heute zum Teil schon gut sichtbar... Bei einer ausgeprägten und mit dem aktuellen Wissen unterstützten Vorstellung, könnte man auch vermuten, dass Vieles, wenn nicht Alles im Universum, einer Bewegungs-Inkonstanz folgen muss. - Die so gern theoretisch-wissenschaftlich gewollte Konstanz, würde vermutlich die Welten Daseins in ein Dornröschen-Schlaff versetzen...*

Man könnte sogar eine Vermutung riskieren und unmissverständlich sagen, dass nichts im Universum bewegt sich mit einer absolut konstanten Geschwindigkeit...

Auch wenn man die Einsteins unbedachte Idee der Lichtkonstanz durchzusetzen versucht, ist dieses bequeme Axiom sehr fraglich...

Nicht mal eine Laser-Strahl Messung zum Mond und zurück kann die Lichtkonstanz indiskutabel bestätigen, was nicht wundern soll.

*Der Raum verfügt über viele inkonstant führende Transportwege, welche selbst das **Licht,** je nach momentaner **Raumdichte und Raum-Beschaffenheit,** nur inkonstant Transportieren können. - (Hypothese)*

Mit Opera-Neutrinos war es vermutlich ähnlich. Man weiß, dass jede nächste Messung im OPERA-Experiment leicht unterschiedliche Werte erbracht hat... - Das lag wohl nicht an den Atomuhren...

Ein... überlichtschnelles Problem und die spürbare Unruhe...

In YouTube definiert man offiziell die **TACHYONEN** als: „Teilchen, deren *langsamste* Geschwindigkeit die Lichtgeschwindigkeit ist"...

Endlich gibt man auch, obwohl nur indirekt zu, dass auch oberhalb der verbotenen Grenze, die höheren Geschwindigkeiten lauern können. Die Existenz der überlicht-schnellen Tachyonen wird seit etwa sechziger Jahren (Petrowitsch) vermutet, aber nicht als klares Eureka dem Volk vorgestellt. (Die Theorie ist empirisch nicht realisierbar). Und das wie ich meine, nicht ganz ohne Grund. - Denn: Würde die Theorie zutreffen, so würden die geltende Thermodynamik und die Relativitätstheorie gleichermaßen große Probleme bekommen...

☼

Die Tachyonen können nicht mit der Lichtgeschwindigkeit fliegen, weil sie mit Reduzierung ihrer Überlicht-Geschwindigkeit eigene Energie massiv erhöhen müssen! - Das zwingt sie selbsterhaltend viel schneller als Licht zu rennen, und zwar ob die es wollen oder nicht. Was liefert den Tachyonen die dafür nötige Energie? Das weiß man nicht. Sicher ist, dass irgendwas im Raum (Bosonen?) es tut...

Das andere theoretische Mysterium ist, dass *Tachyonen* zeitversetzt *die Wirkung vor die Ursache* stellen sollen!... - Hmm... .. ?

Wir könnten hier (laut Theoretiker und der helfenden Mathematiker) auf dem Mond erscheinen, bevor wir uns in die Rakete gesetzt haben! Oberhalb des Lichtes soll für uns die *Zeitumkehr* gelten! 😊

Kommentar: - Die Zeitumkehr-These, ist ein indirektes Resultat der *Annahme* absoluter Lichtgeschwindigkeit... Ein „Wert" der errechneten Negativierung der Zeit *oberhalb* dieser Geschwindigkeit, ist eine mathematische Folge des angenommenen C-Axioms Einsteins...

Wenn schon im lichtnahen Flug der Teilchen (z.B. Myonen) ihre Zeit auf beinah null schrumpfen muss, da müsste „logischerweise" oberhalb dieser, (S. You Tube unter: Tachyonen)), die Zeit für diese Teilchen rückwärtslaufen! 😎 Und das auch gaukelt man uns unverschämt vor...!

Streit am lobbyistischen Kneipentisch…

Zeitumkehr-These? – Na, weil Zeit und Raum schon bei Lichtgeschwindigkeit für den Reisenden auf NULL schrumpfen soll…Und wer mit Überlichtgeschwindigkeit fliegt, da muss auch für den die Zeit rückwärts laufen… Wird er dann jünger? - Emm… 🐱 ?

⚙

*Die **Mathematiker** plädieren: Die Teilchen sollen am besten keine Masse besitzen. Damit könnte man die mathematisch unterstützten Erklärungen sehr erleichtern. Sonst rechnet man nur den Unsinn…*

⚙

*Die **Futuristen**: - Tachyonen? – Wenn die eigene **Masse** beinhaltenden Teilchen Zeitumkehr betreiben wollen und eigene Über-Lichtgeschwindigkeit mehrfach überschreiten, dann sollen die das tun. Geschieht sowieso nur in der Zukunft… also… - geht uns nichts an…*

⚙

__Fundamentalisten__: Ach was, Tachyonen müssen massenlos sein! Eine Masse darf doch die Lichtgeschwindigkeit nicht überschreiten!
__Skeptiker:__ Und was mit Masse besitzenden Myonen? - Wie erklären wir dem Mann auf der Straße, deren augenblicklichen Flug bis zu Erde…? Doch nicht etwa mit einer Überlichtgeschwindigkeit! Denn sonst würde hier keine andere Erklärung übrigbleiben können…
__Die Helfer in Not:__ - Nur Lorentz-Transformationen können hier alles retten! - Die Myonen verfügen doch über eine Masse. Dafür könnte man Myonen als Bezugssysteme gelten lassen… - Ein Grund um die Lorentz-Transformationen anzuwenden! - Das wäre die Lösung!

⚙

*Hmm… Es wurde neulich hektisch um die heilige Relativitätstheorie. Auch unter manchen Schullehrern und Wissenschaftlern, scheint die Überzeugung von der unmöglichen **Überschreitbarkeit** dieser Höchstgeschwindigkeit, als auch von der **Licht-Lauf-Konstanz** zu bröckeln…*

Die realistischen Gedanken in Sache: Weltgeburt im Urknall…

Unsere Wiege der Weltgeburt, die Anfangssingularität, beinhaltete trotz dem Zweck dienenden Gegenbehauptungen der Urknalltheoretiker, **ohne Zweifel einen Raum.** Der Urknall war wohl einer von vielen in der unendlichen Geschichte Daseins. Die Expansion der A.S spielte sich zwischen den schon längst existenten Welten ab… Dass die objektiven Idealisten und Analoga das anders sehen wollen, ist verständlich… Würden sie der Novellierung (dem Multiversum) zustimmen, würden sie sich selbst die Balken unter eigene Füße werfen…

Man muss dringend verdächtigen, dass zwischen Anfangssingularität und ihrem Außenraum, ein interaktiver Stoffwechsel, anders: Zeitfluss laufen musste! - Sonst würde es niemals zu einem Knall und Raum-Expansion kommen können!

Eine Menge der gravitativ gesteuerten Kommunikation[65], mit Hilfe vieler hypothetischen Messenger (Helfer) bewirkte ein „Füllen" der komprimierten Materie der Singularität mit Energien und Subenergien. Eine Leistung, welche die Anfangssingularität auf den künftigen Bedarf des Nachbarraumes vorbereitet hatte… Die existente Komprimierung der Materie, welche selbstverständlich auch selbst ein RAUM war, „inhalierte" die multienergetische Umgebung ohne Zweifel sehr lange. Wie lange? - Das wäre eine sinnlose Frage sein.

Eine vermutliche momentane Ungleichheit der gravitativen Kräfte, zwang die Anfangssingularität zum Energetisieren. Die lange Expansion in die Nachbar-Räume Multiversums konnte beginnen…

Der Nachbarraum, der natürlich schon seit Ewigkeit existent war und ist, stärkte nach dem Urknall seine lokale Materiendichte. Die Singularität „wollte" sich auch „befreien". Der Urknall geschah wohl „im Einvernehmen" angesichts der nötigen Interessen des lokal-universalen Nachbarraumes. - Raumes der schon immer existent war…

---

[65] *Jegliche Kommunikation im Universum ist substanziell.*

Die komprimierte Masse explodierte und expandierte in mehrere zwischenuniversalen Räume des kleineren Widerstandes, welche die „Nachbarschaft" der angrenzenden Universen „angeboten" hatte... Somit wäre die Kugelform unseres Universums eine falsche Vermutung...Viele objektiven Idealisten wollen in ihrer gewollten Bestätigung einer Weltschöpfung, nichts von einem begrenzten Urknallraum im Reich der unbegrenzten Existenz des wirklichen Daseins hören. Das würde den theologischen Mythos der „wissenschaftlich nachgewiesenen Weltschöpfung" zerstören...

Noch mal... - Universalität unserer Naturgesetze in allen Welten Daseins?

*Es gibt keine anderen Welten! Es gibt nur die eine: die Urknallwelt. Der Axiom lautet: - Die physikalischen Gesetze gelten im ganzen Universum. - Punkt! Rel. Theorie ist richtig! Wieso macht man sich die Sachen so einfach? Eine gesetzliche Gleichheit in den erreichbaren Breiten Universums vielleicht. Aber die schwarze Energie und im CERN nachgewiesene Teilchen der Anti-Materie, stärken die Vermutung einer Existenz der antimateriellen Raumdimensionen... Das aber würde die Anwendbarkeit des geltenden, „kosmologisch prinzipiellen"[66] Axioms, eingrenzen... Welten der Antimaterie, würden die so gern gewollte Universalität der Naturgesetze, im sehr diskutablen Licht stehen lassen... Will man deshalb an die Antimateriellen Welten nicht glauben, da ein weiteres Theoretisieren **im zugegebenen Fall sinnlos wäre?** Denn die Erklärung: Dass auch in den Welten der Antimaterie und Welten der Schwarzen Energie, nur unsere Naturgesetze gelten sollen, zeigt ein großes Interesse an Einprägung dieser sehr fraglichen Idee... Ein offizielles Echo der Kritik? – Linientreu... Begründung? Solange nichts Gegenteiliges nachgewiesen ist, gilt das „Amtliche"...*

---

[66] *Das sog. kosmologische Prinzip, versucht uns zu überzeugen, dass die uns bekannten physikalischen Gesetze im ganzen Universum gelten, was wie ich meine, absolut sinnlos sein muss, und unweigerlich in die Sackgasse führen wird...*

*Die einst **im Urknall geltenden Gesetze** sollen heute nach der wahren (?) Überzeugung der Wissenschaftler nicht mehr gelten... Würde man diese gestatten, so müssten auch die Überlicht-Geschwindigkeiten erneut genehmigt werden. - Einer Intuition folgend, will man uns an dieses Eureka nicht glauben lassen. Man zieht spürbar eine hemmende Bremse... Herrschen auch hier die betriebswirtschaftlichen Interessen und „Fraktionszwänge?" - Die 14 Jahre dauernde Geheimhaltung des Kryptonyms „Cäsium" erinnert an **Diesel-Skandal**... Bereitet man die Relativierung der Relativitätstheorie in kleinen Schritten? Thema: „Stufen der Lichtgeschwindigkeit" (siehe You-Tube) im wenig überzeugenden Vortrag mit aberrativen Sprüngen und kaum zutreffenden Vergleichen, deren Zweck uns **vööllig klar ist**, da wir unsere Kindergartenintelligenz bis heute doch weiterentwickelt haben.*

Die gerade propagierte „Erklärung" der der sog. Stufen der Lichtgeschwindigkeit, muss indiskutabel als Inkonstanz der Lichtgeschwindigkeit verstanden werden!

*Einstein sprach **nicht** von einer Konstanz der Lichtgeschwindigkeit im Vakuum, - sondern von deren Konstanz und unmöglicher Überwindbarkeit dieser, - wie es damals hieß, - „in keinem Medium!"*

Aber... - wenn die Theoretiker sich schon doch gezwungen fühlen, neue Schubladen zu öffnen, dann sollen die ohne Eiertanz, mit der mehrfachen Geschwindigkeit des Lichtes nicht nur im Cäsium anfangen...

*Die Information: Wie genau schnell ist das Licht im Cäsium, hat uns der gute Dozent nicht genannt, obwohl das ein **Kern des Vortrages** sein müsste. **Amicus Einstein, set magis amica veritas**, erlebten wir hier leider nicht...*

Diese Entdeckung eröffnet vielleicht nicht nur andere Denk-Dimensionen, aber was viel wichtiger ist, eine künftige revelative, telekommunikative Anwendung dieser Entdeckung. Entdeckung, dessen Resultate indirekt dem Einstein zu verdanken sind. - Ohne Kritik und Zweifel an seiner SRT, würde man in dieser komplizierten Materie nicht weitersuchen wollen und somit nichts Neues finden können. - Ein Fortschritt kann auch (bekanntlich) im Streit entstehen...

Noch andere Theorien des Welt-Entstehens? – Ja, die gibt es...

Diese sind aber von einer Création aus dem Nichts weit entfernt...

Ein Beispiel dafür, kann die Theorie des „ekpyrotischen Szenario" sein. - Ein der Anfangssingularität etwas ähnliches Weltentstehens-Szenario, der würdigen Autorschaft: **Steinhardt & Turok.**

Text: - Zwei Welten nähern sich, kreisen um die eigene Axe, und endlich kollidieren. - Infolge der Energetisierung entsteht neues Universum. - Ein ähnliches Szenario soll sich periodisch wiederholen...

Das ekpyrotische Bild scheint aber in der Konkurrenz mit der sagenhaften und mit viel Fantasie geschöpften Verlauf der Urknalltheorie, (hauptsächlich für Lobbyisten?) weniger interessant zu sein... Weltgenetische Bedeutung? - Keine... Bestätigt die neulich erfasste Kollision der schwarzen Löcher, die Theorie von Steinhardt & Turok?

Die „offiziellen Details" des aktuell funktionierenden Urknalluniversums.

Die im Buch beschriebene umsatzbedingte Variabilität des Zeitflusses trotzt grundsätzlich einer Novellierung der Relativitätstheorie in Gestalt der **Raumzeit-Theorie...** *Mit der fast überzeugenden Beschreibung dieses eher Problems, beschäftigen sich seit vielen Jahren die theoretischen Wissenschaftler... - Ohne indiskutablen Abschluss...*

Schreibe ich hier über eine neue, beinah dialektische Variabilität der theoretisch-wissenschaftlichen Bemühungen in der zunehmend sagenhaften Verteidigung der Relativitätstheorie? – So ist es... Denn, obwohl die Raumzeit in der Vorstellung Minkowskis und Einsteins, als auch die rettenden Lorentz Transformationen, und der massiv lancierten Verteidigung, als zweifelhaft empfunden werden können, soll man nicht endlich zugeben, dass es die weiteren Versuche sinnlos wurden? Die Verteidiger der „unbedingten Geltung" dieser ausgedienten Theorie," sollen eher eigene Gefolgschaft rechtfertigen...

Aussitzen bringt wenig, und Angreifen der Skeptiker schon gar nichts...

Die Theoretiker, versuchen um jeden Nervenpreis, die Alberts Relativitäten weiterhin zu verteidigen und ihre Übereinstimmung mit der Urknalltheorie zu konstruieren. – Nicht immer sind das nur bescheidene Auftritte, was mehr Schaden als Nutzen bringt... Die aktuell dringende Vermutung, dass die Überlichtgeschwindigkeiten nicht mehr Tabu der aktuellen Physik sein können, wird sich noch mehrmals nachweislich bewahrhaften, und zwar derart sonnenklar, dass niemand auf die Idee kommt, es mit Kabelwechsel abzuwenden, oder zur Abwechslung mit Lorentz-Transformationen... Denn, Lorentz transformierte eine Uhrzeit (!) Die echte (ebenfalls variable) Laufzeit, lässt sich keineswegs mathematisch dilatieren...

Thema-Wechsel:

Auch ein der sog. „Abschluss-Beweis" in Form der Gravitationswellen muss überdacht werden...- Macht man sich mit der Entdeckung des sog. „Signals", welches eher als ein Anstoß des intrauniversalen Raum-Tsunami interpretiert werden könnte, noch eine Hoffnung?

War der verliehene Physik-Nobelpreis für „LIGO-Konstruktion und Beobachtung der Gravitationswellen", eine klare Verhinderung der drohenden Blamage?

Der Raum ist nicht leer und kann federartig geschoben werden... Der geschobene Raum kann auch (wie ich meine) einen Ziehharmonika Effekte bilden... Aber: Im intergalaktischen Raum ist nichts drin, behauptet in YouTube einer von den besonders bekannten...

Zu schön um wahr zu sein? - Ein Signal welches zu uns aus 1,3 Mrd. Vakuum-Lichtjahre-Entfernung doch mit mehrfacher Lichtgeschwindigkeit angekommen ist? - Obwohl alle Bemühungen der Wissenschaft die Gravitation zu erklären nichts gebracht haben, erfasste man ein Signal, und zwar pünktlich zum 100 Jubiläumsjahr der Relativitätstheorie... ☺ Viele Theoretiker verstehen die Registrierung des „LIGO-Signals" als eine Entdeckung der Gravitationsursache... Dementis, Relativierungen? - Na, wer würde sich denn das wagen...!

Einen kritischen Bericht dazu, oder relativierendes Dementi in Form eines der Presse zugeteilten Kommentars, welches eine Klarheit verschaffen würde, habe ich bislang nicht gelesen... Dafür ein zu schnelles Jubeln... War ein Text zwischen den Zeilen etwa nicht lesbar?? Weshalb werden die vom Einstein als Gravitationsursache „vorausgesagten" Wellen, mit Wellen, welche LIGO empfangen hat, gleichgestellt? - Man sich mit Einreichen der Bewerbung in Stockholm verschätzt... - Nobelpreis um jeden Preis? – Na jaaa... - aber Hmm...

Der schlaue Einstein hatte auch Mut und Fantasie...
Die atomare Materie ist eine komprimierte Energie. – Hier gibt es keine geringsten Zweifel... - Dazu aber eine konkrete Gleichung zu verfassen, war schon sehr mutig, um nicht zu sagen – sehr riskant... Trotzdem unterschreibt die damalige und leider auch aktuelle Wissenschaft seine $E = mc^2$ schnell und artig mit beiden Händen... – Viel zu schnell...? $E = M$ und auch umgekehrt. – Hier keine Frage. Aber...
Eine Gleichung: *$E = MC^2$ zu formulieren, war vielleicht eine gut gemeinte, aber auch völlig frei erdachte, sehr rund erfasste (rund ist schön) ... fantastisch-mathematische Vermutung des Erfinders...*

....

*Aus der absoluten Lichtgeschwindigkeit (C) resultiert eine relative **Längenkontraktion,** und **Zeitdilatation,** was nur als ein mathematisches Spielchen funktionieren kann, was auch wiederum nicht verboten ist denn es ist, wie man sich neulich rechtfertigt: - nur eine Theorie...*
In allen anschließenden Gleichungen steht die C^2-Größe schon als ein eingebauter Faktor drin... Woher stammt das berühmte Quadrat der Lichtgeschwindigkeit? – „Herleitungen" gibt es... (aber natürlich...)
Eine Ersatz-Potenzierung $E = mc^{32}$ oder soo... würde nichts bringen, denn entstandene Menge der Energien und Gravitationen in einer Energetisierung jeglicher festen Masse, hat mit Lichtgeschwindigkeit, oder besser gesagt: mit Lichtgeschwindigkeiten, nichts zu tun!

Die Übergangs-Beiträge über die Variabilität der Lichtgeschwindigkeit, sind schon da... Mehr als das verwundern Inhalte, welche uns glauben lassen, dass Einstein sich auch über diese Möglichkeit schon damals gute Gedanken gemacht haben soll... (!) Ist das etwa glaubwürdig? Hat man etwa auch dazu irgendwelche Dokumente „gefunden"...? Das man das Alles gerade jetzt, wo es heiß wurde finden musste... Man bereitet uns wohl vorsichtig auf Inkonstanz-Geständnisse vor. Das würde aber die Gültigkeit der Relativitätstheorie beenden. Will man es verlangsamen? - Es geht wohl auch um die Jobs. Sieht man etwa keine Ausreden mehr? – Die Zeit ist gekommen, wo man den großen Irrtum am besten ehrlich und klar gestehen soll. Die Welt-vorstellungen im Jahr 1915 *waren anders als die, die wir heute kennen...* Allerdings nicht die Vorstellungen der heutigen Kontinuatoren. (!)

☼☼

Eine unglaubliche Fußballformel ...? - Nur für kurze Entspannung...
Haben Sie das in der Presse gelesen...? - Ich habe es...
Prof. Stephen Hawking (den ich immer wieder gerne zitiere) hat mal im Jahre 2014 eine tolle Gewinn-Formel dem englischen Fußball-Team, für die damals laufenden Fußball-Weltmeisterschaften konstruiert.[67] Mathematisch betrachtet, lässt sich wohl alles Unmögliche plausibel abbilden. Auch diese „England's World Cup Success Formula" wahr sehr kompliziert, was das abgebildete Foto der vorbildlichen Schultafel samt Herrn Hawking im Vordergrund gut belegen konnte... Anscheinend haben sich die Fußballer (wie ich meine) an diese Formel wohl nicht genau gehalten und den erträumten Weltmeisterpokal verloren... Tjaa... - Wie konnte denn das überhaupt geschehen? Hat jemand etwa die Formel heimlich geändert? - Oder vielleicht... Lag die Niederlage an einer... müden Begreiflichkeit der Kicker...? Ach watt, datt doch nicht! - Die Formel muss falsch gewesen sein!

---

[67] *Frankfurter Allgemeine. 28.05.2014*

Die Variabilität der physikalischen Zeit als... Überraschung?

Die schon im Text mehrfach erwähnte Zeitvariabilität erwirbt in diesem neu-theoretischen Vorschlag einen ganz neuen Wert. Echte Zeit ist weder Mysterium noch Urzeit. Die echte Zeit, ist eine umgesetzte Energiemenge... Menge, welche (als Geschehenes) irgendwann örtlich messbar sein könnte... Die vierte Dimension ist Unsinn.

Im praktischen Geschehen ist die Zeitberechnung nicht mal für kleinere Räume wie Fernseher oder Computer möglich, da im Moment die energetische Umtausch-Menge (Emissionen und Resorptionen) zwischen dem energetischen Umgebungsraum und festen Raumagglomerationen nicht messbar sein können. Eine aktive Beteiligung des sog. „leeren Raumes", in allen Interaktionen Universums, (wie schon mehrmals erwähnt), nicht mal theoretisch vermutet wird...

Im rein illusorischen Minuten-Zustand eines Ruhens der jeglichen Bewegung, würde der Zeitlauf stehenbleiben... Auch unser Hirn, als intensives Austausch-Zentrum, würde augenblicklich nicht funktionieren...

Sollte der Zeitfluss als eine Umsatzmenge der Energien in den lokalen Welten irgendwann bei uns anklopfen, dann soll man damit einverstanden sein... Da der energetischer und Gravitativer Umsatz zwischen allen Existenzformen des Raumes unterschiedlich intensive Interaktionen aufweist, läuft auch der daraus resultierende laufende Umsatz, nämlich der Zeitfluss dauernd inkonstant...

Hypothesen: - Jegliche Wandlung, auch ein Kollabieren der Räume, verläuft ewig und immer in nur eine Richtung: - in die Zukunft!

Die Zeit hat mit Lichtgeschwindigkeit nichts zu tun... - Somit auch die Zeitumkehr-These in der Tachyonen-Theorie, kann nur ein relativistischer Unsinn sein. Ein variabler, energo-gravitativer Umsatz eines konkreten Raumes, bewirkt einen variabel-positiven Zeitfluss in diesem Raum. Unterschiedlich intensiver Zeitfluss in Räumen Universums?

Ein klares Ja. - Spielen hier Geschwindigkeiten eine Rolle? – klares Ja!

Die Umsatzgeschwindigkeiten aller diesen Raum veränderten Substanzen...

Diese Energieumsätze verlaufen in allen Raumagglomerationen ungleichmäßig, was auch einen variablen, aber immer fortschreitenden Zeitfluss bewirkt...

In jedem Kubikzentimeter des Raumes läuft der Zeitfluss anders... Atomare Agglomerationen korrespondieren permanent mit den energetischen Weiten des Raumes. Viele Informationsträger und Raum-Messenger ermöglichen diese Korrespondenz.[68] Resultat dieser, sind die Bedarfs-Aufforderungen der universalen Gesetzmäßigkeit. Effekt dessen sind Wandlungen des Raumes. Energetisierung der festen Materie, Raumverschiebungen und Materialisierung der Energien, sind Bewegungen. Nur Inexistentes kann sich nicht bewegen. – Emm... Diese Negation „gilt nicht" für harte Idealisten, da die eben ein NICHTS, - in einem völlig anderen Licht sehen...

Kommt man irgendwann wieder mutig zu... - „Äther-ähnlichen" Trägern...?

Man wird sich in der Physik des Raumes nach den neuen, etherähnlichen Theorien umschauen müssen... Die Idee „Ether" als Informationsträger im Raum, hat man deshalb fallenlassen, da kein Ether-Wind feststellbar war". Gibt es etwa auch einen Gravitations-Wind? Die einst erfolgte Suche nach dem Etherwind, erinnerte ein wenig an manche Aktionen des einst **unerschrockenen Ritters** Namens: **Don Quichotte de la Mancha...** - Es war trotzdem, wie es stolz heißt, des Versuchs Wert, um endlich sicher sagen zu können: - Nix gefunden...!

Zu schnelle Schlüsse? - Man resonierte scheinbar nach dem Prinzip: „Da wir es nicht gefunden haben, gibt es das auch nicht"... 🐱 ?

Es ist zu vermuten, dass auch Licht ohne die funktionierenden Helfer des Raumes *„keinen einzigen Schritt"* nach vorne machen könnte...

Die Ligo-Macher würden wohl jetzt sagen... Das von uns dank LIGO nachgewiesene Signal, ist aus eigener Kraft zu uns gekommen...

Wie hieße aber diese Kraft? - Die Gravitationswellen waren es nicht.

---

[68] *Einige von sehr vielen Träger der Energetischen und Subenergetischen Austausches, welche aktuelle Form der Substanzen aufrechterhalten oder ändern.*

Im Raum gibt es wohl tausende Informations-Träger... Ob wir diese Träger Ether oder Halothan nennen, bleibt das nur eine Sache der Nomenklatur, welche im Kern dieser Problematik nichts ändert...

Gravitationen? - Es gibt vermutlich viele spezifische Arten davon, welche den Zusammenhalt des Raumes, als auch die Informationsübertragung unter den spezifischen Informationsträgern regeln...

Man soll künftig nicht **nach dem Wind** der Informationsträger suchen. Derart Suche kostet viel Geld und bleibt wohl immer ergebnislos...

Die mit Gravitationen verwandten, multiplen Informationsträger, verursachen keinen Wind... - Existent und tätig sind die trotzdem...

Die mal gehörte Erklärung: - „Es gibt keinen Etherwind, da die Windmühlen sich kaum bewegt haben", - ist eher kein gutes Argument ... ☺

Wird man die Raumbeteiligungs-Vielfalt erneut mal überprüft...?

Entspricht etwa die einst universal diskutierte Ether-Theorie unseren aktuellen Kenntnissen? - Natürlich nicht. Trotzdem ist eine Existenz ähnlicher Strukturen und Mechanismen der Informationsübertragung dringendst anzunehmen... Zuerst sollte man aber das fundamentale Axiom der theoretischen Wissenschaft mildern, um sagen zu können: Es scheinen im Raum Daseins noch viele andere Gesetze, als nur die uns bekannte zu wirken... - Das würde aber die Relativitätstheorie und Urknalltheorie zusätzlich belasten... Eine wissenschaftliche Katastrophe? – Das weniger... Eher eine finanzielle. Denn die (machbare?) „Umstrukturierung" würde teuer werden...

„Lichtüberschreitung, ohne Prinzipien der Relativitätstheorie zu verletzen"...?

Man äußert neulich Vermutungen, welche nicht allzu sehr drastisch zu verstehen geben sollen, dass die Lichtgeschwindigkeit doch überschreitbar sei und womöglich auch nicht konstant sein könnte...

Man vermisst intelligente Frauen in dieser egozentrischen Domäne...!

Es könnte der gehorsamen Liturgie und dem üblichen Eiertanz, um das noch zu retten, was nicht mehr zu retten ist, mehr Pragmatismus folgen...

Die physikalische Vorstellung der momentanen Zeitfluss-Menge:

Ein rein theoretisches und nur einer Vorstellung dienendes Beispiel:

Würden wir Raum der Sonne mit der die Energien austauschenden Zone (Krone) künftig spitzentechnisch erfassen können, zwei Mal „stopp" sagen können, und dann: Mithilfe eines ultraenergetisch tickenden Instrumentes, welches hunderttausende Trilliarden Gigatonnen eines lokal-energetischen Umsatzes pro Nanosekunde erfassen kann, in etwa genau erfahren können, ob der lokaluniversale Zeitfluss anhand der gemessenen Energieumsatzmenge während des nur eine Nanosekunde dauernden „Mess-Momentes," schneller oder langsamer abgelaufen ist, als der Zeitfluss, während der gleichen beispieltheoretischen Messung vor zum Beispiel: - zwei Tagen.

☼☼

Ist ein Zeit-Messen nach Entwicklung einer künftigen darauf erfolgreich gerichteten Technik möglich? — Im positiven Fall der technischen Entwicklung würde man hier stolz verkünden können:

„Heute hat es sich im Raum der Milchstraße vielmehr vom energetischen Stoffwechsel vollzogen als gestern, somit ist auch der Zeitfluss in dieser Galaxie heute viel intensiver verlaufen als gestern"...

Die aktuelle technische Unfähigkeit, eine Zeitflussmenge einschätzen zu können, - (da nur das vorstellbar ist) wird man künftig verbessern können. Darauf zu hoffen kostet nichts. Die hier vorgeschlagene **Zeit-Theorie** ist völlig konkurrenzlos... - So läuft eben der Zeitfluss...

Der ewige Zeitfluss, resultiert aus der ewig laufenden Physiologie Daseins, anders, aus der umgebauten energo-gravitativen Massenmenge im definierten Raum pro eine Einheit des Vergehens...

Und der ist substanziell, wie alles Existente im Raum Multiversums.

☼

Wann kommt man zum Resultat einer Zeitrechnung? - Gute Frage. Voraussetzung dafür wäre erst eine Übernahme dieser Zeittheorie... Wird man dazu bereit sein? - Ooo, das ist eine besonders gute Frage.

Rekapitulierend: - *Mein Neu-Hypothetische in Punkten:*

☼ *Die Übertragung der Informationen verläuft mithilfe sehr vieler unterschiedlich schnellen Geschwindigkeitsträgern des Raumes...*

☼ *Die hier vorgestellte Zeittheorie ist* **keine Hypothese, sondern Tatsache.**

☼ *Zeitfluss entspricht dem interaktiven Energieumsatz im Raum.*

☼ *Die Menge der gelieferten raumverdichtenden Energie, hängt vom Bedarf des lokalen Raumes ab und werden gesetzlich geregelt.*

☼ *Die Menge des reaktiven Stoffwechsels der Materie müsste in den stoffwechsel-intensiven Agglomerationen der großen Dichte größer sein, als eine Umtausch-Menge in den zwischengalaktischen Räumen der niedrigen Dichte... (örtlich-variable Zeitflussintensität...)*

☼ *Die aktuell festgesetzte Lichtgeschwindigkeit ist überschreitbar!*

☼ *Es gibt im Raum tausende noch schnellere Informationsträger...*

☼ *Die „zusammenhängende" Zeitumkehr These, ist ein Unsinn!*

☼ *Dass der Zeitfluss mit zunehmender Intensität des energetischen Stoffwechsels im aktiven Raum schneller laufen müsste und im wenig aktiven langsamer, muss man wohl nicht unbedingt beweisen...*

Fazit: **- Dort, wo die Atomuhren langsamer laufen, muss der energo-gravitativer, Isotopen bremsender Raumstoffwechsel** (*Zeitfluss*) **stärker sein...** *Zu vermuten ist hier der starke Einfluss des energo-gravitativen „Partialdrucks" welcher wohl auf den Zerfall der Isotopen hemmend wirkt und die Uhren langsamer ticken lässt. Deshalb wohl laufen die Isotopenuhren in Satelliten schneller als gleiche Uhren auf Erde...*

Diese Differenzen, sind schon länger bekannt... Noch vor kurzem hätte man sagen können: - Eine Geschwindigkeitsabhängige Differenz! „Aktuell ist man mit Lorentz-Transformationen, sparsamer geworden. - Zu viele Widersprüche... Trotzdem üben manche Rhetoriker beruhigende Aberrationen! - Leitet Cäsium etwa 3 x C ? – Ja...!

....

Kommentare: - *unwichtig!"- Cäsium ist doch ein Metall, und nicht Vakuum!"-*

Die zusammenhängenden Gedanken...

Die energetische Isotopen-Interaktion der Uhren, sowohl mit der Gravitation als auch der multienergetischen Erdstrahlung, bewirkt eine leicht variable, da raumspezifisch verlaufende Atom-Uhrzeit...

Ob Zeno-Effekte der Erde, oder die Stärke der Gravitation an der Erdoberfläche, oder auch eine Schwäche des Gleichen in den satellitärenen Atomuhren, unterschiedlichen Zeitfluss selbst in den zerfallenden Isotopen der Messwerkzeuge erwirken, ist weniger wichtig...

Wichtig ist zu vermuten, dass sowohl die Uhrzeit, als auch der echte Zeitfluss, immer variabel verlaufen... - Predigt man uns nicht dauernd, dass nur **unsere Gesetze** überall im Universum gelten müssen? 😊 !

Das „**Je-nach-dem-Ticken**" der Atomuhren alleine, reicht schon um sich vom Thema: „Einfluss der C-nahen Geschwindigkeit auf Zeit und Raum" **verabschieden...** - Die Uhr-Zeit dafür, ist längst gekommen...

Muss man als Laie an die relativistische Liturgie nur aufgrund der in den Medien dafür autoritär plädierten Dozenten blind glauben? Wenn ja, dann herrschen auch hier, die religionsnahen Glaubensmechanismen... Denn ein Gewicht der Indizien, welche nach einem radikalen Überdenken der sowohl Urknalltheorie, als auch der Relativitätstheorie schreien, ist für viele analytisch denkenden Menschen zu plausibel geworden, um die daraus resultierende Kritik, als völlig belanglos zu bezeichnen.

Es wird sicher schwer sein, alle sturen Apologeten der Relativitätstheorie, als auch die Beschwörer der klassischen Urknalltheorie, von den grundsätzlichen Mängeln der beiden Theorien zu überzeugen...

Denn, es ist auch zu vermuten, dass hier wohl **nicht nur Argumente alleine** eine Rolle spielen können, was zum Teil verständlich sein kann. Aber vielleicht deshalb, könnte man manchen theoretischen Wissenschaftlern an **Sokrates** erinnern, der einst mal gesagt haben soll:

„**Amicus Plato, sed magis amica veritas**"... - *Eine Weisheit, welche einigen Ur-knallisten und einigen Relativisten von heute, guuut zur Krawatte passen würde...*

Mathematische Lorentz-Transformationen ... zum Entspannen...

Licht beinhaltet auch **Photonen,** und diese werden intermittierend zu Teilchen. Fliegen diese im Cäsium in die Zukunft? – Diese komische Frage resultiert aus der SRT! – Und was jetzt mit Lorentz-Transformation: Da die Reisenden im Cäsium-Raum, (hier Photonen) schon bei der Lichtgeschwindigkeit auch auf **Nullgröße** kontrahieren müssten, wird für diese jetzt... **Inexistenz** möglich sein, zeitumkehrend in die Zukunft zu schlüpfen? - Nein? – Wieso nicht? - Da für die... der Antrag auf Wegfall der Erlaubnis als Bezugssystem fliegen zu dürfen, noch nicht gestellt wurde? ☺

☆☆

Mittlerweile überschreiten Tachyonen, Myonen, Neutrinos und das Licht selbst, (welches 3xC im Cäsium läuft) die bislang dogmatisch festgelegte Lichtgrenze!
Was soll die dauernde Belehrung: Lichtgeschwindigkeit ist eine Naturkonstante, „**aber nur im Vakuum**" erwirken? – Wofür ist das gut? Ist unsere Natur, oder Multiversum ein Vakuum? Übt man hier etwa (exklusiv für uns Laien...) eine kategorielle Verschiebung der Zusammenhänge? - Einstein sah keine Möglichkeit eines Überschreitens der Lichtgeschwindigkeit... - Neue Entdeckungen sind lästig...
Licht der Sterne braucht eine gravitativ bedingte Beschleunigungs-Strecke...!

☆☆

Dreifaches C im Cäsium, - seit 12 Jahren bekannt, und erst jetzt diskussionswürdig? Dozenten: - Na jaaa, die neulich nachgewiesene dreifache Lichtgeschwindigkeit im Cäsium sagt, was Anzweifeln der Relativitätstheorie angeht, so gut wie gar nichts! - Was? - Trotz der dreifachen Überschreitung der Lichtgrenze? - „aber konstanten Überschreitung" - beruhigt man uns eifrig... „und als Informations-Transport kann man es sowieso nicht betrachten".

☆☆

Theorie der **überlichtschnellen Tachyonen,** ist seit Jahrzehnten bekannt, leider im Moment nicht verifizierbar! – Na wie günstig für SRT...!
Und was ist mit den überlichtschnellen Myonen? - **Theoretiker:** Überlichtschnellen? - die können nur ihre Lebenszeit guut dilatieren! ☺

Die Relativitätstheorie, ist nur eine Theorie... (hört man neulich immer häufiger.)
Eine schleichende Relativierung des Problems unter „Außendruck"?
*Für die Teilchen **Neutrinos**, (im OPERA Experiment) müsste die Strecke und Laufzeit von Genf nach Gran Sasso, (731 km) **analog zu Myonen auch transformieren, was (** wie schon kommentiert **) nicht geschehen ist...!***

*Wieso hat man die Lorentz-Transformationen exklusiv **den auf die Erde fallenden Myonen „erlaubt", und das Gleiche den Neutrinos „verweigert"?***
Da diese rettende Idee die Kommentatoren zu spät erleuchtet hat?

*Soll jetzt die sog. Zeitumkehr (siehe Tachyonen) auch für die **3-fache Lichtbeförderung im Cäsium gelten?** – Gibt es auch hier eine Antwort...?*
*Man braucht auch keine! - Zeitumkehr und Lorentz-Transformationen sind sinnlos. Und mein gerade vorgeführtes Selbstgespräch diente: Einem Hinweis darauf, dass man sich in der ganz schlechten Verteidigung der Relativitätstheorie, **in viele Widersprüche verwickelt hat...***

***Frage: - Verschwinden irgendwann der Raum und die Zeit,** da diese Laut der Urknall-Theorie sowieso ursprünglich dem Nichts entstanden sind...?*
Natürlich ist die provozierende (meine) Frage ohne jeglichen Sinn... Zeit und Zeitfluss verschwinden nicht, denn dafür müsste unser Universum völlig Verschwinden... Da Universum keineswegs aus einem klerikal gewollten NICHTS entstehen konnte, wird es sich auch nicht rückwirkend im NICHTS auflösen, wie manche idealistischen Theologen das „logischerweise" (Oszillationstheorie) vermuten wollen.

Zeitfluss auch im „leerem" Raum?. Auch in den als ob leeren Räumen vollziehen laufend massive Umsätze unter den Energien, Subenergien, Gravitationen und Grundsubstanzen. Auch hier bewirkt die sichtbar inkonstant verlaufende Physiologie Daseins, den schon seit Ewigkeit inkonstant produzierten, hier unsichtbaren Zeitfluss...

Die mäßig subjektiv-idealistischen als auch subjektiv-wissenschaftlichen Erkennungstheorien (die gibt es auch) werden (soweit diese nicht extrem solipsistisch angefärbt sind) zugeben müssen, dass der klar sichtbaren, instrumental-spürbaren und fotografierten Existenz Universums, nichts Gegenargumentatives angeboten werden könnte!

*Der Raum funktioniert nach klaren Gesetzen, nämlich nach uns bekannten Naturgesetzen. – Diese sind „gut bekannt" wie die Theoretiker es immer wieder behaupten, und funktionieren überall im Universum. Absolut überzeugend ist das sicher nicht... Man behauptet es trotzdem, sonst würden viele der bislang bekannten Welt-Erklärungen, und die weitere Forschung, **keinen Sinn mehr** haben können...*

Es gibt seit Jahrzehnten… eine weltweit bekannte Informationstheorie...

*Es gibt eine seit vielen Jahrzehnten einen Grundsatz der Informationstheorie, welcher besagt, dass jegliche Information sich nur und ausschließlich über **substanzielle** Wege ausbreiten kann.*

Unbekannte Raum-Substanzen transportieren jede Form der Materie und Energie. - Die Ether-Theorie ging einst Pleite, aber nur wegen falschen Suchmethode... Die richtige kennt man noch nicht...

Es ging hier nicht um einstigen Narkose-Ether, obwohl die ausführende Methodik des einstigen Experimentes dringend den scherzhaften Verdacht erwecken könnte... Es gab keinen Etherwind, was einer Existenz der vielen Raum-Trägern der Information nicht trotzt...

Bewusst gesteuerte Gesetze oder eine zufällige Ordnung? Ein Atom würde in seiner Form kaum ein Bruchteil einer Sekunde weiter existieren können, sollte es sich den Stoffwechsel-Gesetzen Daseins widersetzen können und sein Stoffwechsel unterbrechen können...

Diese, nur einer Vorstellung dienende Beschreibung, erleuchtet eine hier sehr wahrscheinliche darauf Reaktion der Gesetzmäßigkeit...

Ein RAUM gab es immer... In der Raumlosigkeit könnte nichts expandieren. Ein angebliches Raumentstehen, konnte sich in Raumlosigkeit niemals ausbreiten!

Wen könnte die wirkliche Zeit interessieren? - Die Relativitätstheoretiker?

☼☼

Um geregelt den Ablauf des Tages zu gestalten, reicht uns die genaue Uhrzeit. - Für längeres Programmieren haben wir noch unser Kalender.

Zeitfluss für unendliches Dasein, als „ein ewig dauernder gesamtenergetischer Wandlungsumsatz jeglicher Energien des großen Raumes", kann in diesem globalen Sinne nur die Denker interessieren... Das würden wir, die Laien wohl so meinen... Sicher einer anderen Meinung dazu, würden Physiker Chemiker und Astrophysiker haben, die alles dafür geben könnten, um endlich eines Tages den energo-gravitativen Umsatz unserer Sonne uns in Gigatonnen präsentieren zu können... Praktische Anwendung dieses künftigen Könnens in den anderen Bereichen der Wissenshaft wäre möglich... Ganz zu schweigen von Freude der Philosophie, welche seit Jahrtausenden versucht dieses geheime Phänomen endlich zu knacken...

☼☼

Sollten die Kontrahenten doch eine andere Meinung dazu haben, ändert das auch nichts in der Tatsache, dass die Agglomerationen der Materie weiterhin dauernd in einer augenblicklich wirkenden gravitativen als auch energetischem Wechsel unter einander verbleiben... - Im objektiv dauernden Zeitfluss, ändert unser Wille nichts... Auch eine Skepsis der Relativitäts-Theoretiker bewirkt hier nichts.

☼

Wäre die Weltformel als Unterfangen im neuen Zeitlicht möglich? - Hmm... Die laufenden Versuche, alle Weltgesetze in eine, seit vielen Jahren dauernd konstruierte Weltformel einschließen zu müssen, ist wohl ein, die Urzeit raubendes Zwangs-Hobby der theoretischen Wissenschaftler. Aber... Wie schon geschrieben... Solange der Steuerzahler zahlt, rechnet man weiter... Wie könnte künftig die neue und „nobelpreis-reife" Weltformel lauten?

$W = \Omega^2 \cdot$ *^{3} oder soo? - Mit diesem Scherz weise ich auf Steuerzahler hin, obwohl man anderweitig viele Erfolge sehen kann... Ohne Experimente keine Erfolge! – Ich meine hier natürlich: - ohne sinnvolle Experimente...*

MUSS DAS FRAGLICHE... E = MC² ... NOCH WEITER GELTEN...?
Die Verblüffung und Vertrauen in die Wissenschaft, war am Anfang des zwanzigsten Jahrhunderts derart groß gewesen, dass niemand wagte die vermeintliche Genialität dieser Formel anzuzweifeln...
Zweifeln sind Zeichen des Denkens. Eine begründete Skepsis, ist fast immer eine Mischung aus der Beobachtung und Analyse der Fakten und Indizien. Das kann man im Fall einer Akzeptanz nicht immer sagen. Manche Menschen akzeptieren Schwieriges blind. Motto: „Na, wenn die das so klar behaupten, dann muss es wohl so sein...“
Wie oft haben wir diese einfache „Argumentation“ schon gehört?
Dass die Masse ihrem Energieinhalt gleicht, ist heute unbestritten.
Die Argumentationen dafür, dass die Energie dem „Wert“ Masse mal C² gleichen müsste, erzielt nur den Glaubenswert einer freien Annahme...
Manche mehr oder wenigen explosiv vorgeführten Argumente der Apologeten für die Formel: E= mc², verlauten manchmal... e-bissl pubertär:
Populärer Beispiel: - „Na... - Was sagen Sie denn zu einer Explosion der Atombombe, eee? - Ist denn das nicht genug Beweis für M=mc² ... - Eeee...?“
Nein, - es ist für mich leider noch nicht genug Beweis... – Eeee... Eine Atombombe hat mit „ E=mc² “ nur wenig zu tun. - Dieses bekannte Beispiel ist lediglich ein Versuch, die bildhafte Vorstellung zu indizieren, um eine Energetisierung eines Atomaren einfach zu erklären...
*Denn, man kann mit einer Explosion einer Atombombe (ohne zu mogeln) nicht nachweisen, dass die explosiv befreite Energie bei Kernspaltung, **genau** gleich mc² ist. - Ganz zu schweigen davon, dass die **energetische Beteiligung des unmittelbaren Nachbar-Raumes** im Sinne einer dazu gelieferten Energiemenge, noch unmöglich bekannt sein kann.*
*Könnte der guuut optisch wirkende **C² - Faktor**, wo die sagenhafte Quadrierung der Lichtgeschwindigkeit eine gute Figur macht, noch glaubhaft sein? – Das ist wohl meine absolut unverschämte Frage!*
Einstein ahnte wohl, dass weder eine empirische Bestätigung noch ein Infrage-Stellen der C-Quadrierung, lange unmöglich sein wird.

Zum Universum: - *Eine kritische Betrachtung der anfänglichen Raum-dehnungsphase unserer lokalen Urknallwelt und der überlicht-schnell agierenden Kräfte in diesem Prozess, erlaubt die hier schon geäußerte* **Vermutung einer aktuellen Existenz** *der fast augenblicklich schnellen, Information transportierenden Träger...*

Die schnelle Expansion des Raumes in den ersten Millisekunden, könnte ohne Hilfe der spezifischen und überlichtschnellen Träger des Raumes nicht funktionieren... Die Urknalltheoretiker werden aber mit dieser Idee gar nicht einverstanden sein... - Träger, eee...?

Die urknalltheoretische Vision, scheint der vernünftigen Philosophie eine Konkurrenz zu bieten... „Ein Raum? – den gab es am Anfang nicht!" - Zeit? - diese gab es auch nicht. Erst im Knall sollen Raum und Zeit entstanden sein. Das sollte man wissen... - Auch glauben?

Wem soll man die echte Autorschaft jetzt zuschreiben...?

Das Aneignen der Ideen, Theorien und Formeln in der Geschichte der Wissenschaft schien im frühen zwanzigsten Jahrhundert, kein besonderes Vergehen gewesen zu sein... Heute würde es kaum mög-lich sein, eine geklaute Idee als eigenes Gedankengut öffentlich vor-zutragen, oder einen Nobelpreis mit einem angeeigneten Fremdgut zu erwirtschaften, was schon mal in den Letzten Jahren versucht wurde... Aber noch vor hundert Jahren gab es kein Internet und keine Handys. - Es dauerte im Fall eines Ideendiebstahls länger, bis die Katze aus dem Sack war... Heute würde man ähnliche Tricks auch im Nachhinein sehr schnell entlarven... In jedem Fall schnell?

Beispiel: Am 20 November 1915, reichte Prof. D. Hilbert in Göttingen seine Gravitationsgleichungen Druckerei ein. Gleichungen, welche er dem Albert Einstein zuvor recht **grob** *erklärte! Eine Woche danach veröffentlichte Einstein diese Gleichungen, ohne die Quelle klar zu erwähnen...* **Einstein entschuldigte sich** *im Nachhinein dafür beim Hil-bert persönlich, aber die Autorschaft der Gravitationsgleichungen haben die Lobbyisten dem Einstein zugeschrieben. - Und so blieb es...*

Es gibt Skeptiker, die den... „Empörungen" widersprechen...

*Erst die zweite Recherche, diesmal einer eindrucksvollen **Buchautorin**, ergab dass in der sog. Fahnenkorrektur der Hilberts Arbeit, (Probedruck) eine Seite ausgerissen war, dringend vermutlich mit genauen Gravitationsgleichungen, was man bei der ersten „Untersuchung" (1997). irgendwie übersah. Man könnte hier im Sinne Einsteins sprechen können, wenn es sich um einen einzigen Aneignungs-Verdacht handeln könnte. Außerdem war Prof. David Hilbert auch nicht von schlechten Eltern, was natürlich kein Argument sein kann. Dass man ihn um keine Aneignung des geistigen Fremdgutes verdächtigen konnte, schon. Versinken die Fakten in konstruierten Gegenbehauptungen? - Hat man neulich Einsteins Notizen dazu gefunden?*

$E = mc^2$, *- ist die berühmteste Formel der Welt...*

Auch die wahrhaftigste? – Diese Frage beschäftigt viele Menschen...

Eine freie Intuition müsste jedem von uns sagen, dass die komplexe Physiologie des Raumes Universums, nur mithilfe der relativ langsamen Lichtgeschwindigkeit keineswegs erklärbar sein könnte... Die notfälligen Informationen von einer Welt zu der anderen Welt, würden hier Milliarden von Jahren laufen müssen... So schnell, wie man die Unschlagbarkeit der Lichtgeschwindigkeit angenommen hat, kann man ebenfalls eine Existenz vieler noch unbekannten überlicht-schnellen Informationsträger annehmen...

Eine gleichzeitige Erklärung der „absoluten" Lichtgeschwindigkeit und Berechnung der Energieäquivalenz mittels der runden $E = MC^2$ Gleichung könnte nicht nur deshalb neu überdacht werden... Denn der C^2 Faktor könnte, (auch dann, wenn diese Annahme wahr wäre) keine Bestätigung der genauen Äquivalenz vermitteln, da man bislang eine energetisch-gravitative Beteiligung des unmittelbaren Umgebungsraumes in allen Raum-Reaktionen, bislang nicht mal ernsthaft vermutet wird... Auch die berühmte Urknalltheorie, leidet unter falschen Kompositions-Elementen... Auch hier sorgen die freien Annahmen für kaum annehmbare Schlussfolgerungen, welche eher die Bezeichnung: „Axiomatische Behauptungen" verdienen...

Wer hat auch das wirklich entdeckt?

Ob Herr Weber, H. Poincare, A. Lorentz oder F. Hasenöhrl zuerst auf E = mc² kamen, ist rein erkenntnistheoretisch unwichtig, denn im Endeffekt zählt nur die Entdeckung selbst. - Könnte man meinen. Den photoelektrischen Effekt entdeckte H. Herz (1857-1894) und beschrieb es im Jahr 1886. - W. Hallwachs, (1859-1922) bestrahlte sogar die Zinkplatte. - A. Becquerel hat den Effekt (1836) gut beschrieben... Den begehrten Nobelpreis bekam (1921) aber Einstein für:

„Für die Entdeckung des Gesetzes des photoelektrischen Effektes"...

Einstein im Nachhinein: „Ich wusste nichts von diesen Arbeiten!"

Kann man jetzt auch dieser Aussage Glaube schenken? - Nur die ungewöhnlich intelligente Physikerin, Mileva Maric, die erste Frau des Professors und die vermutliche Redaktorin seiner Nobelpreisarbeit, wusste zu gut, um bis die heute sorgfältig gehüteten Geheimnisse... Leider kurz nach Einsteins Überweisung des vollen Nobelpreisbetrages auf ihr Bank-Konto, verließ sie ihn! - Hmmm... - Weshalb?

„Um ihm einen freien Weg für Heirat der nächsten Frau zu ermöglichen"... So lautet die meist präsente Erklärung dieser Trennung...

Themawechsel...

Es ist an der Zeit und mit den verfügbaren Indizien als auch aktuellen Geständnissen möglich, einige Axiome der relativistisch-theoretischen Phänomenologie trotz heftiger Verteidigung zu relativieren. Es ist scheinbar kein Hindernis, manche Theorien soweit zu dogmatisieren, dass diese nach permanenter Einprägungszeit einen Status des Gesetzes erwerben. - Das gibt es sonst nur in den Religionen...

Ist die Relativitätstheorie eine religiöse Doktrin? - Nein.

Die Verteidigungs-Liturgie dieser Theorie, scheint aber ähnlich zu funktionieren! - Wieso wagt sich kaum ein Wissenschaftler zu manchem Unsinn einfach Nein zu sagen? - Ist die geheimnisvolle der C² Zahl, welche für ein Quadrat der Lichtgeschwindigkeit fungiert, eine Blendung, oder ein unglückliches Abkupfern des schlauen Meisters?

Dieses Zitat, könnte helfen das Rätsel klären:

„Geht man von Fallgesetz A aus, bei dem $s = g \cdot t^2$ ist, so ergibt sich offenbar:

$E = Energie = (m \cdot g) \cdot (g \cdot t^2) = m \cdot (g^2 \cdot t^2) = m \cdot v^2$

Dies ist die kinetische Energie, abgeleitet aus dem Fallgesetz A.

Wir haben also jetzt zwei Energiegesetze:

$E = \frac{1}{2} \cdot m \cdot v^2$ und $E = m \cdot v^2$

Die Widersprüchlichkeit wird hier besonders deutlich.

Setzt man nun in die Gleichung $E = m \cdot v^2$ (nach Fallgesetz A) anstatt der Geschwindigkeit v die Lichtgeschwindigkeit c ein, so folgt unmittelbar die „einsteinsche" Formel: $E = m \cdot c^2$

Richtigstellung: Die obige Ableitung zur Bestimmung der kinetischen Energie ausgehend von Fallgesetz A ist fehlerhaft.

Richtiggestellt muss die Ableitung lauten:

$E = Energie = Kraft mal Weg.$

$P = Kraft = Masse mal Beschleunigung = m \cdot b = 2 \cdot m \cdot g$

$s = Weg = g \cdot t^2$ (Fallgesetz A)

$v = Geschwindigkeit = ds/dt = d/dt \, [g \cdot t^2] = 2 \cdot g \cdot t$

$E = Energie = (2 \cdot m \cdot g) \cdot (g \cdot t^2) = 2 \cdot m \cdot (g^2 \cdot t^2) = 2 \cdot m \cdot [\frac{1}{2} \cdot v]^2 = \frac{1}{2} \cdot m \cdot v^2$

Es ergibt sich also nach Richtigstellung wieder der Ausdruck gemäß Fallgesetz B. Albert Einstein ist also das Opfer eines fehlerhaften Lehrbuches geworden. Gegenüber anderen Wissenschaftlern seiner Zeit, die ähnliche Energieformeln gefunden hatten, war bei ihm allerdings eines neu: Die Behauptung, dass die Lichtgeschwindigkeit absolut konstant sei. Dies war sein eigener Fehler." [69] - Zitat-Ende.

―――――――――――――――

69 - Dipl.-Ing. Ekkehard Friebe. (www.ekkehard-friebe.de)

Die interessanten Theorien zu konstruieren ist nicht nur für Konstrukteure interessant... Bekannt oder berühmt werden zu wollen ist kein Vergehen... Dabei zu übertreiben, oder auch bewusst zu täuschen schon... (Es gab im Jahr 2012 Nobelpreis für eine Fälschung!)

Wussten die Schöpfer der Relativitätstheorie, dass die Behauptungen dieser Theorie, nach einem... künftig gut-möglichen Nachweis einer Überschreitbarkeit der Lichtgeschwindigkeit, oder einer Inkonstanz der Gleichen, als sinnlos erklärt werden können? (Beides gerade nachgewiesen...)

Wieso wagen sich einige Physiklehrer erst als Rentner, dieses Heiligtum unter der vorgehaltenen Hand anzuzweifeln? Werden die klaren Hinweise, welche diesem Heiligtum widersprechen, in die stille Schublade geschoben? Die Ruhe ist bekanntlich schön... Die Ruhe kann aber nur solange dauern, bis eine Diskussion... (am besten im TV) endlich erlaubt wird... Die ersten Eurekas, dürfen doch nicht als... Apokryphen behandelt werden...

Nochmal zu der unsicheren Annahme...

„Die Wissenschaft will, (ohne Grund?) dass alle Naturgesetze in der Unendlichkeit Daseins unseren Naturgesetzen gleich sein sollen"...

Kosmologie und Astrophysik sind Wissenschaften, welche uns versuchen, die Anatomie und Physiologie der existenten Unendlichkeit zu erklären.[70] Leider nur unter Anwendung der uns bekannten Physiklehre, welche als universal erklärt wurde... Diese Einschränkung ist recht bedauerlich. Unser Untersuchungsobjekt: - Universum, scheint aber unendlich zu sein, was auch die Wissenschaft, die ihre Universalität der Gesetze prompt postuliert, vor eine empirische Grenze setzen könnte... Und das obwohl man nicht man 0,1 Promille des Wissens über Mehrheit der im Raum ablaufenden Geschehnisse hat. Legt man sich hier die Balken vor die eigenen Füße in der Hoffnung, dass alles so bleibt wie bislang herbeitheoretisiert? - Vermutlich ja... Leider ist diese Annahme schon alleine mit Entdeckung der dreifachen Überlichtgeschwindigkeit im Cäsium, nicht mehr relevant... - hmmm...

---

[70] *Eine freie Definition...*

Wird der Zeitfluss ewig laufen? – Ist Universum unbegrenzt?

Ist die energo-gravitative und festmaterielle Wirklichkeit im Zeitfluss ihres Raumes unbegrenzt? - Ja... Im unbegrenzten Raum herrscht doch ein ewiger und ebenfalls unbegrenzter Stoffwechsel... - Und der heißt Zeitfluss... Unser Dasein lebt und denkt in seinem Zeitfluss... Nicht nach unseren Definitionen, wohl gemerkt... Dank dem werden auch seine Formen dauernd endstehen und vergehen. Wirken hier auch Überlichtgeschwindigkeiten? - Ja. Leider wollen die Physiker es nicht mal vermuten. - geschäftsschädigend?

☼

*Die „Logik" läuft hier scheinbar nach der Regel: „**Was wir nicht finden konnten, kann es auch nicht geben.**" Eine sehr spezielle Logik, wie man sieht. Die letzten Vermessungen der technisch erreichbaren, globalen Raumkrümmung bestätigen eine dringende Vermutung des offenen Universums. Universum funktioniert nicht in der Zeit, sondern Universum produziert ewig mit seiner laufenden Physiologie (seinem Sein) den Zeitfluss. Die wissenschaftlich geleistete Antwort[71], welche auf der Messung der Weltraumkrümmung basiert, sagt: Mit einer wahrscheinlichkeitsnahen Sicherheit, ist Universum unbegrenzt. - Die Unbegrenztheit des Raumes, bedeutet auch immer eine Ewigkeit des Zeitflusses...*

Die postulierte Relativitätstheorie & Urknalltheorie...

Die Theorien sollen (normalerweise) keine wirkliche wissenschaftliche Bedeutung haben, da die Inhalte sich nur mit einer Wahrscheinlichkeit erfreuen können, würde man meinen... Das scheint für die Urknall-Theorie und schon gar nicht für die Relativitätstheorie zu gelten! – Die letzte wurde zum fundamentalen Gesetz der Physik! Ob diese für uns persönlich gelten, oder auch nicht, liegt es an philosophisch geprägter Weltanschauung und an einem mehr oder weniger kritischen Denken. Die Frage wäre nur: - Wo haben wir denn unser Allgemeinwissen erworben, und ob man uns dort prägen könnte... kritisch zu denken...?

---

[71] *Vortrag von Prof. H.W. Rix. Universität Heidelberg.*

Sollte ich etwa auch mein Buch-Gedankengut lieber patentieren lassen? ☺

Es scheint keine einzige laufende Interaktion im jeglichen Raum zu geben, ohne obligater Mitbeteiligung der grenznahen Umgebung... Die hier vorgestellte These einer physikalischen Sicht des Zeitflusses, als auch These einer Einwirkung des (wie man meint) vermutlich durch Gravitation bewirkten Verlangsamung des Gangs der Atom-uhren sind nachgewiesen! - Die Frage wäre: Nur mit Gravitation?

Vermutlicher Zeno-Effekt und labile Atom-Urzeit....

*Diese Anomalie ist neulich bekannt... Allerdings nicht als ein mögliches ein Resultat des Zeno-Effektes... - Das ist in diesem Buch ein NOVUM. Offiziell begründet man den leicht langsameren Atom-Uhrenlauf hier auf der Erde mit Einfluss der Gravitation. - Zugleich verzichtet man auf keinen Fall auf Einwirkung der Geschwindigkeit auf die in den in Satelliten platzierten Iso-topen-Uhren... Das erinnert an die zwei Düsenflugzeuge (1971), die einst mit Atomuhren an Bord, und Vergleichsuhren auf der Erde, die Zeitdilata-tion klar bestätigt haben sollten... Ein Wermutstropfen ist nur, - dass die Lande und Tankpausen in diesem „Dauer-Flug um die Erde", nicht berech-net wurden... Ganz zu schweigen von Differenzen im Ticken der Erd-Uhren und der in den Flugzeugen, - **was man damals noch nicht wissen konnte...!** Interessant war nur das prompt veröffentlichte Ergebnis: - Die genau er-rechnete Zeitdilatation, stimmte genaustens mit Lorentz Gleichungen...* ☺

***Hypothese**: Die zerfallenden Isotope können ihr „Leben" in der aktu-ellen verlängern, indem sie die wohl noch unbekannte Raumsub-stanzen Gravitationssubstenzen inbegriffen, in die eigene „Genetik" einzubauen versuchen... Dieser mehr oder weniger gelungene Vor-gang hemmt den eigenen Zerfall... - In der Nähe der großen Massen, welche den starken energetischen Austausch laufend ermöglichen, ist die vor dem zu schnellen Zerfall rettende „Resorptions-Menge" konsistenter, als die, im „verdünnten" Weltraum. Deshalb auch ge-hen die auf dem **Isotopen-Antrieb** basierende Atomuhren auf der Erde langsamer, als die gleichen im Weltraum... Das besagt glaubhaft, dass die Isotopen-Uhren energo-gravitativ beeinflusst sein können.*

Eine Minute Entspannung...

Wie schon oft in diesem Buch mehrmals bewundert, laufen in der Wissen-schaft die „Kongruenz befestigende" Beweise manchmal aus der Bahn... Was noch OK wäre.. Viel wichtiger ist hier ein Drang, der bis heute dauert, um jeden Preis die Welt zu überzeugen, dass Relativitätstheorie richtig ist!

☼☼

*Thema-Wechsel: - In YouTube erklärt uns ein sehr ruhiger und netter Herr Dr. J. G, im Film erfassten Interview: „**Materie besteht nicht aus Materie**"[72] eine theoretisch-physikalische Begründung Seiner folgenden Vermutung: Zitat: „Gluonen sind Elementarteilchen. Und diese Elementarteilchen müs-sen massenlos sein... - Auf die Frage des aufzeichnenden Reporters: „Und wieso müssen sie das sein?" - folgte die Antwort:*

„Ansonsten ist die gesamte Theorie, die wir Standardmodell nennen, - feh-lerhaft... - Nur, wenn wir massenlose Therme für die Elementarteilchen einsetzen, kommen sinnhafte Ergebnisse raus."..... (Zitat - Ende.)

☼☼

*Analog resonierend: - Die Lichtgeschwindigkeit **muss konstant sein** und darf auch **nicht überschreitbar** sein, - ansonsten ist die gesamte Theorie, die wir Relativitätstheorie nennen, fehlerhaft... Hmm...*

Mathematik mag wohl keine Teilchen, die eigene Masse besitzen wollen. ☺

*Leider konnten Professoren: **Takaaki Kajita und Arthur McDonald** beweisen, dass auch Neutrino-Teilchen Massen besitzen, und haben damit im Jahre 2015 den Nobelpreis gewonnen! Hier stellt sich eine Frage: - Besitzen denn nicht alle Teilchen, (- da sie existieren), ihre Massen?   - Man würde mich jetzt wohl... alleswissend korrigieren: - Ruhe-Massen bitte...!! - Tjaaa... Aber... Was befindet sich im real existenten Universum in Ruhe? Die Ant-wort muss hier heißen: - Gar nichts! – Sollen uns nicht lieber die Realitäten interessieren, und zwar... nicht nur die... mathematisch angepasste...*

---

[72] *Veröffentlicht auf YouTube am 25.12.2014.*

Weißt du, dass die Welt aus dem Urknall kam? – Das weiß ich...!

POLEMIK

*Die theo-universalistische Antwort auf die Frage: Gibt es Gott? Lautet: - **JA.** Gott als eine Person oder a-materielle oder anders: eine substanzlose Idea? - Hier ein klares: NEIN. Die Macht des Traditionellen, mag bei vielen Lesern eine Distanz zu den in diesem Buch vorgeführten Argumentationen für Energo-Materialität Daseins sicher bewirkt haben... Da man eigenes Denken nicht ganz belügen kann, indem man sich selbst Irreales Fragliches oder Alogisches bewusst zu verinnerlichen versucht, ist auch kein Geheimnis...*

Trotzdem versuchen die Theoretiker der philosophisch problematischen Sphäre, den Solipsismus, oder lückenhafte Konstrukte wie: Materialismus, Dualismus oder Idealismus durchzusetzen...

Das kann, je nach „Empfänger" unter Anwendung von „schwieriger Sprachproblematik „gelingen"... Und so, hat man über zum Thema: NICHTS, viele ernsthafte Arbeiten geschrieben... Man glaubt daran ohne es zu verstehen... Eine Einprägung des sogar für Kleriker nur schwer verständlichen Katechismus, ist für Kinder obligat...

Und wie ises denn damit bei uns im Westen?

Die ehrlichen Menschen würden mal gerne selbstkritisch zugeben: „Ich habe leider nichts davon verstanden" ! - Denn die schwierigen Texte wirken auf uns keineswegs gleichermaßen, was nicht immer an uns liegt... Manche Theoretiker der Neuzeit, haben um eigene aus dem Ärmel geschöpfte „Sprach-Genialität", wohl bewusst gesorgt... Nichts desto trotz, hört man erstaunliche Bewunderungen, welche nicht selten nach einem annährend gleichen Muster laufen:

.....

„Martin Heidegger war meines persönlichen Achtens absolut genial! Mein perzeptives Verinnerlichen seiner innovativ erfassten Texte, erregt meine Emotionen! Meine logisch-normative Auswertung seiner ungewöhnlichen Philosophie, kulminiert bei mir in einem emotionalen Wahnsinn! - Verstehen Seee das?" - Hmm... Tja...

Autoritäten in der Philosophie und Erkenntnistheorie?

Je nach dem für wen... und wie... man den Begriff definiert! - Eine Berühmtheit alleine macht aber noch keine unantastbare Autorität aus. Die bekannten Verdienste, für die Autoritäten in lobbyistischen Bekenntniskreisen besonders verehrt wurden, hat man viel später relativiert... Sind Marx, Lenin, Augustinus, hl. Anselm oder Thomas von Aquin, - für jeden von uns... die unbestrittenen Autoritäten...?

Diese Autorität dieser Autoritäten, wurden mit Macht und Interesse der Lobbyisten durchgesetzt, (Lenin, Stalin) oder zu Autoritäten er-klärt und kultivierend „getragen"... (der hl. Thomas oder Anselm...) Würden diese Beförderungen, nicht funktionieren, würden wir diese Namen heute nicht kennen. - Ob diese Verehrung wahrhaftig war, oder nur „organisiert wurde", müssen wir für uns nach Grundkennt-nis deren geistigen und sonstigen Schaffens, selbst entscheiden...

Manche (nicht alle) Autoritäten der Philosophie, als auch die der Re-ligion, wurden erst mal aufwändig für diese würdige Rolle kreiert...

Kreationen der Autoritäten auch in den theoretischen Wissenschaften...?

Manchmal ja, - und wenn schon, dann aber richtig - mit Orchester... In den Kreationen dieser Art hat sich bis heute nicht viel geändert. Die Mode und Schönheit vermarktete Medien, erfinden dauernd neue Ikonen, welche erst nach gewollter Einwirkung auf den Betrachter, doch endlich als „Klasse" empfunden werden sollen... Nach der ge-zielt erreichten Begeisterung, werden die Idole natürlich mit Gewinn vermarktet... - Diese Art des Marketings hat sich längst bewährt... Und zwar nicht nur in der glamourösen Modewelt... - wohlgemerkt...

Was ist mit einer nötigen Kritik der Lawine von Unstimmigkeiten?

Die zunehmende Kritik-Unverträglichkeit schadet uns mehr, als manche meinen.

Beispiel: Ein in die Widersprüchlichkeiten seiner wohl schlecht überdachten Vorträge geratene Astrophysiker, müsste doch nicht unbedingt die Kritiker sofort beleidigen... - Und schon gar nicht im publik laufenden TV-Vortrag! Ein Verhalten welches viele von uns schon kennen! - Schaden? – Enorm...

Theo-Universalismus als Beschreibung der einzigen Wirklichkeit...?
*Theo-Universalismus ist ein Versuch, die atheistischen Thesen des Materialismus, und die idealistische Vorstellung Daseins, welche in den propagierten Haupt-Formen nicht annehmbar sein können, zu vereinen. Das Universum zwingt uns diesen Versuch zu unternehmen... Da der Dualismus, mit seinem Konzept der nebeneinander existenten extrem unterschiedlichen Daseinsmächte, kaum mit den beiden bislang bekannten Monismen kompatibel sein kann, bleibt nur eine dritte, plausibel wahrscheinlichste Vision der Wirklichkeit: Eine wie ich meine, durchaus verständliche und annehmbare **monistische These** einer ewigen Existenz des denkenden Multiversums...*
Eine Vision eines Gottesperson, hat wohl für viele Menschen ausgedient... Dieses Bild ist trotzdem im Volk lebendig, da erwünscht...
Der Wunsch ist, wie man weiß, dauernd erfüllt... Obwohl diese Menschennahe Idee eben so schön, wie unmöglich sein kann, wäre es an der Zeit eine reale Alternative vorzustellen. - Bei Gelegenheit: Nicht von allem philosophischen Richtungen muss man sich distanzieren...
Die substanzielle Existenz der Jenseitswelten sind in hiesiger Interpretation der Physiologie Daseins, eine philosophisch vertretbare Möglichkeit...
Die nicht materiellen Paradiese, bezeichne ich als eine dem eigenen Zweck dienende Werbung der unzähligen Glaubensorganisationen.
*Es darf es nicht ausgeschlossen sein, dass eine Existenz des Denkens **außerhalb** des biologischen Bereiches des energo materiellen Raumes, (außer des Gehirnes) existent sein kann, was sowohl die Materialisten als auch die Idealisten, von Anfang an für einen Unsinn halten...*
Man denkt in den bislang gelernten Kategorien... Aber nicht nur...
Man denkt auch nicht selten im Sinne der eigenen Interessen...
*Ein Denken, als ein bewusstes Produkt der sehr komplex funktionierenden Substanzen, müsste selbst als eine im Hirn geschöpfte und in den Raum emanierte Materie der Inhalte sein. - Ein Denken in den platonischen Welten? – **ist energo-substanziell betrachtet, - möglich...**

Zurück zu der „Weltgeburt"

*Wissenschaftler lassen mit aktueller Vorstellung des Urknalls... die Welt **im NICHTS** expandieren! – **Der Raum dieser Welt** expandiert in einer urknalltheoretisch erdachten Raumlosigkeit! - Spätestens jetzt müssten die Urknalltheoretiker radikal umdenken...*

Der Expansionsverlauf könnte annehmbar sein, wenn Urknall mit seiner Dehnung, die existenten Raumlücken zwischen den benachbarten Welten, mit eigener Substanz füllen würde... Natürlich muss man in diesem Fall, den Urknall als ein lokal-universales Ereignis betrachten... - Etwa ungünstig für die klerikale Vision des Problems? Sollte auch die schwarze Energie als Bremse dienen, was man neulich auch vermutet, (was übrigens eine indirekte Verneinung der ursprünglichen These einer sinnlosen Außen-Raumlosigkeit zu deuten sein kann,) - so müsste die Expansion schon längst langsamer werden... Ich höre schon fast die relativen Verteidiger: Sonst würde die Expansion heute noch schneller laufen, nee? ... - Übrigens: - Würde eine vielleicht doch unbekannte Ursache der spektralen Rotverschiebung irgendwann gefunden sein, würde die ganze „voll intellektuelle Diskussion" sowieso für die Katz sein...

*Eine beinahe-scherz-Frage: - Müsste die habilitiert-erklärte **Zeitumkehr-These**, ihre theoretische Verwirklichung nicht auch im Urknall gegolten haben? – ☺ - Die Mathematiker rechneten aber die Zeit der nacheinander geschehenen... Geschehnisse... irgendwie ... vorwärts...!*

Dem Schicksal sei Dank, wollten hier keine der neu-entstandenen überlichtschnellen Substanzen des Raumes, die Zeitumkehr für sich in Anspruch nehmen,, sonst würde alles beendet werden müssen, bevor es angefangen hat.! Deshalb klingen die Belehrungen: „Die Zeitumkehr nach einem Überschreiten der C, - gilt nicht in der aktuellen Welt... Oder wiederum: Überlichtgeschwindigkeit? Diese gab es auch nur im Urknall! - Die Entdeckung der mehrfachen Lichtgeschwindigkeit vor 12 Jahren, (zunehmend bekannt erst heute,) stellt trotzdem die Rel. Theorie infrage...

Schwarze Löcher, fragliche Logik und die Verteidigungskonzepte?

● *Aus dem schwarzen Loch kann nichts entkommen. - So stark ist dort die Gravitation"... - Bleibt hier etwa auch die Zeit stehen?*

● *Es kann nicht mal Licht entkommen, so stark ist... Es kann mittlerweile doch was entkommen... z. B. Röntgenstrahlen!*

● *In den schwarzen Löchern verschwinden Materie und die Zeit...*

● *Kann die Zeit in den schwarzen Löchern rückwärts fliesen...*

So verwirrend erscheinen die neusten Berichte und propagierte Erkenntnisse der theoretischen Astrophysik in mancher „Fachpresse". Man liest und staunt... – Obwohl... - Wundert uns das wirklich...? Ganz toll wirken auch Kommentare, welche uns glaubhaft machen wollen, dass vor dem Urknall „nichts da sein konnte". **Prof. Hawking** leitete von diesem Axiom sein fragliches Resonieren ab... - Zitat: „Da es damals noch nichts gab, konnte es auch keinen Gott geben." Ähnliche Logik begegnen wir in einigen Erklärungen und Richtigkeitsbeteuerungen der Relativitätstheorie als auch der Urknalltheorie, was Inhalte dieses Buches ausreichend umfangreich und skeptisch schildern... Denn Zeit, scheint **für Einstein** und alle Theoretiker wohl ... nur Urzeit sein.

In der Anfangssingularität gab es ein energetischer Umsatz. = Zeitfluss...

Und zwar noch sehr lange vor dem Urknall... Hier verlief zwar eine langsamere, interaktive energetische Füllung der Protonenmaterie aus dem Außenraum... Eine gute **Zeitmenge** erwirtschaften auch **die Schwarzen Löcher** in deren beschleunigenden nicht nur ringartig, sondern drahlartig, angeordneter Innenwand der Wurmlöchern (das müssten jetzt die Prothesenbauer für die Gefäßchirurgie lesen...) neue Substanzen entstehen, die am anderen Ende in die defizitären Räume „ausgepustet" werden... Dabei entsteht viel **Zeitfluss...** Davon, dass dieser auch in der Anfangs-Singularität laufen musste, will man nichts wissen... Heute weiß man, dass schon die kleinen Neutronen-Sterne eine Außentemperatur von Millionen Grad Celsius haben... Auf die mögliche Frage wieso? - Empfehle ich meine Masse-Umgebungsraum Interaktions-These.

Zeit und Raum, in alter Erklärung, bereiteten wohl echte Schwierigkeiten. - Das haben Einstein und seine Berater auch recht früh bemerkt und erfanden eine sehr fragliche Lösung: - **Die Raumzeit...**

Ein Gebilde, welches den Physikern bis heute Kopfschmerzen verursacht. Sollte man die aussichtslose Subtheorie nicht lieber würdig fallen lassen? Vermutlich nein, denn: Die Relativitätstheorie, oder genauer die Relativitäts-Theoretiker erlauben das nicht... Man hat den Eindruck, dass die Interpretation aller Geschehnisse im Universum von der „Erlaubnis der Relativitätstheorie" abhängig sind...

Interessant wäre auch die nächste, nur scheinbar lächerliche Frage: Könnten noch irgendwelche nicht näher bekannten Spezifika des intergalaktischen Raumes eine Rotverschiebung verursachen? Ähnlich wie die andere Frage: Gibt es doch eine irgendwann nachweisbare Ermüdung des Lichtes? – Auch eine fast verbotene Frage...

Auf diese Frage sind die theoretischen Physiker schlecht anzusprechen. - „Ja" dazu, würde die Konstanz des Lichtes infrage stellen...

Lichtkonstanz gefährdet?

Die stark vom Licht im Semivakuum abweichenden Messungen der Lichtgeschwindigkeiten: - Im Wasser nur 225 000 km/s, im Glass 160 000 km/s, und im Plexiglas 201 000 km/s. - *Aber im Cäsium, soll der Lichtlauf nachweislich mit einer Geschwindigkeit: fast 3 x C laufen...!*

Könnten die Barrieren oder Beschleuniger im Raum, die Beförderungs-Inkonstanzen bewirken? - Nur, wie man sagt, im Material! Aber der Raum Universums (auch die sog. Leere) *ist doch eine Substanz!* Ist der Raum Universums ein gewollt absolutes Vakuum, wo nichts geschieht? Schon im Labor hergestellten *Semi-Vakuum,* (da ein absolutes nicht möglich ist), entstehen Teilchen... Aus dem nichts? – Nein! Im Vakuum laufen energetische und subenergetische Interaktionen. Raum zwischen Mond und Erde, von leicht *inkonstanter Vakuumdichte?* Ergeben die mit einem Leserstrahl gemessene Lichtlaufmessungen zum Mond und zurück, nicht zufällig deshalb jeweils andere Werte?

Lichtgeschwindigkeit hin, Relativitätstheorie her...

*Es geht in der auf Indizien gebauten Kritik nicht nur darum, ob das Licht manchmal schneller oder langsamer im Raum **befördert** wird... Es geht vor allem darum, die an der Aktualität der neuen Indizien scheiternden Axiome, jetzt kritisch zu überdenken und laut ändern... Auch die Kirche musste einst das Bild der **Erde als Scheibe** unter Druck der erst Indizien, später auch Beweisen, endlich fallen lassen...*

Hypothetische Raum-Funktionen...

*Ausgang: - **Alles existente ist Raum. Die Luft ist Raum, ein Stein ist Raum, ein Glas ist Raum und auch Cäsium ist nichts Anderes als ein komprimierter Raum.** Egal in welcher Art des Raumes das Licht gebremst, oder wie im Cäsium beschleunigt wird, hat das mit **einer Raum-Interaktionen** zu tun. Raum erlaubt je nach eigenen Eigenschaften und interaktiven Fähigkeiten, nicht nur dem Licht unterschiedliche Geschwindigkeiten.*

*Hypothese: - Der Raum Universums ist von vieler Bremser oder Beschleuniger (Energiespendern) ausgestattet, wo **die auch Lichtführung** (Träger) unterschiedlich intensiv sub? -energetisch gestärkt wird... Die raumspezifische Übertragungs-Messenger der Information, die das Licht im Wasser, Glas oder Cäsium, unterschiedlich schnell leiten können, funktionieren fehlerfrei. – (Was erst nach dem Eintritts-Winkel aus der Luft in genannte Medien gilt, um die schon angefangenen „Zickzack-Mogeleien" zu entlarven...) - Von Prismen schreibe ich nicht....*

*Jetzt zum Thema: Da die Lichtteilchen ihre energetische Laufhilfe, vermutlich nur **raum-adäquat** schöpfen können, kann das Licht im spendablen Cäsiumraum 3xC laufen. - Hier ist die energetische Laufhilfe für Licht wohl effizienter als im Vakuum...- Manche Teilchen bekommen Energie, die anderen wiederum, bekommen Hilfe in Form einer Masse z. B: von den Higgs Bosonen... Die Tatsache, dass Rauminteraktionen je nach Angebot, Nachfrage, Umsatzstärke und einer unterschiedlich intensiven Agilität der helfenden und bremsenden Faktoren, einen inkonstanten Zeitfluss bewirken, ist überzeugend.*

Mathematisch lässt sich scheinbar alles „beweisen"..

Ein begabter Mathematiker könnte, (wenn nötig) ganz schnell zu einer plausiblen Herleitung kommen, welche „beweisen könnte", dass die Kuh Elsa, sooo... - eigentlich drei Schwänze haben müsste... ☺
Da sie diese nicht hat, sollte man dringend nach einer evolutionären Ursache dieses „völlig unverständlichen Naturirrtums" suchen...[73]

☼☼☼

Überschreiten Myonen die Lichtgeschwindigkeit? - Laut relativistischer Theoretiker: „niemals!" Die Myonen, verlängern in ihrem fast lichtschnellen Lauf, ihre Zeit und verkürzen ihre Laufstrecke! – Lorentz Transformation!
Laut Theoretiker muss sich hier **(- muss**, sonst könnte man hier einen überlicht-schnellen Flug konstatieren), eine relativistische Raumkontraktion und Zeit-Dilatation vollziehen... Wie soll sich der Raum und Zeit bei 99, 9 für die Teilchen ändern? Mathematischer Beweis dafür? – Kein Problem...
Die Laufstrecke der Myonen von der oberen Atmosphäre bis zu Erde, (etwa 10 km) soll für diese Teilchen auf 450m schrumpfen! - Zugleich verlängert sich relativistisch ihre normale Lebenszeit, (etwa 1,8 Mikro/Sek), auf satte 49 Mikrosekunden, was (mathematisch) reicht um unsere Erde noch „lebend" zu erreichen! -Die heilige Ausgangsprämisse zu diesem transformativen Unsinn ist: - Eine nicht überschreitbare **Lichtgeschwindigkeit**...
Eine Dilatation einer Lebenszeit der Myonen, die man uns hier vorgaukelt, würde auch im Fall einer angenommenen Wahrhaftigkeit dieses Axioms ebenfalls nicht funktionieren können, denn... **die Zeit leider keine Uhrzeit ist**...
Mit Reform der Lichtgeschwindigkeit, und Zeitvorstellung könnte sich alles ändern... Man spricht **erst neulich** von Stufen der Lichtgeschwindigkeit in den Medien und auch Lichtkonstanz, aber nur im Vakuum! – Man spricht vom Cäsium, welches kein Informations-Transporter sein soll... Ein stiller Wirrwarr der Begriffe, um das kommende Donnerwetter zu relativieren?

---

[73] Ein im Zusammenhang absolut notwendiger Plump-Scherz des Buchautors...

Relativitätstheorie in der aktuellen Literatur und You-Tube-Aufzeichnungen..

Die Physiker beteuern Wahrhaftigkeit der ART und der SRT... Aber je intensiver das teils Fantasievolle geübt wird, desto mehr der Eindruck erweckt wird, dass die Apologeten der Relativitätstheorie als auch der Urknalltheorie nur eine eingeübte Defensive betreiben... Diese Sicht, rechtfertigen einige Indizien und viele Inkonsequenzen. Ist die Relativitätstheorie noch überzeugend genug ? - Relative Frage...

Mit jeder neuen, den Urknall und Relativitätstheorie relativierender Entdeckung, gibt es ausweichende Antworten oder aber verwunderliche Interpretationen, welche die Wahrhaftigkeit der Theorien zu festigen versuchen. Das ernsthafte und teure Unterfangen, (vor dem Ligo Experiment noch) einen Nachweis der Gravitationswellen bestätigen soll. Das Experiment läuft unter Namen: „ELISA-Projekt".

Pulsar PSR J0348 +0432. - Worum geht es hier..?

In einer *7000 Lichtjahre* weiten Entfernung von der Erde, schwebt im Raum ein pulsierendes Komplexgebilde, welches aus einem nur 20 km. Durchmesser großen, trotzdem zwei Sonnenmassen schweren Neutronenstern und seinem natürlichen Satelliten besteht.

Der Mond umkreist sein Stern in etwa 8000 000 Kilometer Entfernung. Die Sternpulsationen werden von den Radioteleskopen auf der Erde erfasst, regelmäßig ausgewertet und dokumentiert...

Es stellte sich dabei heraus, dass der Pulsationsinterwall sich um 8 Mikrosekunden pro Jahr verlangsamt und der weiße Zwerg sich um *1,8 mm* (!) jährlich dem Neutronenstern nähert, was laut der Bonner Wissenschaftler nur einen Energieverlust des Systems durch Ausstrahlung der Gravitationswellen bedeuten kann...

Andere Schlussfolgerungen kommen „nicht mal in Betracht"... Genau das hat Einstein vorausgeschaut, hörte man in diesem Fall verständlicherweise aus dem Mund *eines der Doktoranden* von Max-Plank-Institut für Radioastronomie in Bonn...– Kein habilitierter Dozent hat sich zu Wort gemeldet... - Gibt es dort auch Professoren? ☺

Doktorand: - *„Wir dachten, dass dieses System extrem genug sein könnte, um einen Zusammenbruch der Relativitätstheorie zu zeigen, stattdessen haben sich Einsteins Vorhersagen ziemlich gut behauptet."* - *Zitat Ende.* - *Quelle: - Die Welt" 26. 04. 2013.*

Bedenken dazu? – *Nur wenn man zwischen den Zeilen lesen kann...*

• *„Ziemlich gut" heißt eigentlich: Es war weithegend für die Katze... Man hat die ART bestätigenden Informationen nicht sicher gewinnen können, und der Albert soll deshalb lieber nicht zitiert werden...*

• *Weiterhin konnte man nicht mal im Ansatz beweisen, dass die beschriebenen Bremswellen, ein vom Einstein gewolltes Charakteristikum aufweisen. - Ganz zu schweigen von einer Abgabe der klaren und nicht mal halbwegs begründeten Vermutung deren Existenz...*

☼☼

Im Dezember 2015 ist eine Satellit-Expedition unter dem Projektnamen: „Lisa-Pathfinder" gestartet, welche fähig sein soll die Einsteins-Gravitationswellen zu erfassen: Diese sollen laut Einstein sehr mickrig und deshalb kaum entdeckbar sein... Die Vision Einsteins, ist noch aktuell mit einigen Experimenten im Realisationsversuch... Der eigentlich missglückte LIGO – Befund könnte zum Schluss anmuten, dass die Gravitationssubstanzen, nicht zwingend als Wellen funktionieren könnten... Somit auch die Vermutung einer hier, - anderen Konsistenz durchaus sinnvoll sein könnte...

Sollten die Gravitationswellen **keinen** *elektromagnetischen Charakter haben, sondern nur (wie es heißt) einen nur ähnlichen, so ist es erlaubt zu vermuten, dass deren Ausbreitung im Raum sich wo möglich mit dauernd im Raum funktionierenden Überlichtgeschwindigkeiten vollziehen könnte. Will die Wissenschaft das vermuten? Gravitationswellen gehören wohl zu der Grundsubstenzen und werden in den nächsten hundert Jahren kaum definiert werden können...*

Das, was Ligo erwischte, war eher ein kleiner Stoß des geschobenen Raumes... Man „diagnostizierte" trotzdem die Gravitationswellen, vermutlich deshalb, um Relativitätstheorie erfolgreich abzuschließen...

Geheimnisse der (ängstigen?) Wissenschaftler..

Was heißt denn überhaupt: ... „Relativitätstheorie erlaubt das nicht"?

Was bedeutet es im Einzelnen: Man versucht Dieses oder Jenes, in eine Übereinstimmung mit der Relativitätstheorie zu bringen...? In eine Übereinstimmung bringen? Auch dann, wenn es nicht geht? Und wie macht man das? Man erfindet reine Theorien welche unterstützend wirken sollen... Die theoretischen Physiker müssten doch schon seit ihrer Kindheit die klare Weisheit kennengelernt zu haben, welche lehrt: „Wenn man die ersten Schritte falsch gemacht hat, werden alle folgenden Schritte auch falsch sein müssen"... Die anschließenden Bemühungen, die vielen Kongruenzversuche und Anpassungen, in einer klaren Formel einzuschließen bringen so gut wie nichts. Auf alles verzichten..? - Das wird, wie man schon jetzt sieht, schwer fallen... - Man versucht sich noch über dem Wasser zu halten...

Eine wesentliche, und zugleich unbequeme Frage noch: - Was würde denn ein Ausstieg aus der Relativitätstheorie wirklich kosten? – Eine kommende Blamage Einsteins? – Das eher weniger... - Diese sollte, wie ich meine, eher alle mit dem aktuellen Wissen ausgestatteten Kontinuatoren dieser Theorie treffen... Im Sinne: selbstkritisch erleuchten? - Haben unsere You-Tube Dozenten diese Entwicklung nicht schon seit einigen Jahren vermutet...?

Aber... - Jetzt zum eigentlichen Thema:

W. I. Lenin - (kein politischer Freund von mir) soll einst gesagt haben: „Wenn das kommunistische System sich in den nächsten 40 Jahren nicht behauptet, wird die Arbeiterklasse es selbst fallen lassen"...

Was er sagte, geschah erst nach etwa 70 langen Jahren... Wieso so spät? Hmm... Die Macher haben die Ideologie und Praxis stur verteidigt...

Wieso hat Herr Einstein in Bezug auf seine Theorien nichts Derartiges laut vorausgesagt, obwohl er auch vermuten musste, dass im bewiesenen Fall einer Licht-Inkonstanz oder auch einer Überschreitung der Lichtgeschwindigkeit, ein unausweichliches Ende kommen muss...?

Hmmm... - Eine vielleicht doch richtige Antwort könnte hier heißen: Weil Lenin ehrlicher war... Hmm... - Klingt das nicht nachdenklich?

Die fachorientierte Welt hofft stillschweigend, auf ein revolutionäres Ergebnis der Wissenschaft... Ist man aktuell bereit, die Existenz einer variablen Überlichtgeschwindigkeit schrittweise zu erlauben...? Es gibt schon Erlaubnisse... Man versucht aber die so zu verkaufen, als ob das eine unbekannte Einsteins Überlegung gewesen wäre... Sind das etwa die ersten Zeichen des neutheoretischen Umbaus...?

Soll sich hier doch Grundsätzliches ändern? - Und wenn, was dann?

Man hat den Eindruck, dass manche Astrophysiker, Astronomen und theoretischen Physiker eine Art des populär-wissenschaftlichen Journalismus betreiben... Es wäre fast verwunderlich, wenn hinter axiomatischen Behauptungen kein heiliger Zusatz wie: „Was mit der Relativitätstheorie übereinstimmt" oder „das stimmt genau überein mit Einsteins berühmten Formel $E=mc^2$", fehlen würde... Die loyale Treue ist sichtbar, *was in sich nicht schlecht ist...*

Erreicht man auch mit aggressiver Kritikunfähigkeit Erwünschtes? Insbesondere jetzt, wo manche Grundaxiome zu wackeln scheinen? Man kann die Erklärungen der RT auch anders gestalten...,

Im Fall der aktuell in den visuellen Medien ausgestrahlten amerikanischen kosmo-theoretischen kommerziellen Darbietungen, ist das theoretische Übertreiben und gespielte Euphorie, auch im Fall der die RT unterstützenden sagenhaften „Beweisen", noch verständlich.

Es gibt auch Erfolge! - Die einst theoretische, später praktische Quantenforschung, brachte schon einige sehr gut funktionierende Anwendungen. - Über die Anwendungen freuen sich u. A. die Mediziner.

Eine Zustimmung für mehrfache Lichtgeschwindigkeiten bald unausweichbar?

Die Relativitätstheoretiker erklären uns die Überraschungen mit Lorentz-Transformation, der... *Lebensversicherung der Relativitätstheorie... Wie lange noch?* - Die Urzeit wird knapp... Die 3-fache Lichtgeschwindigkeit in der Natur (im Cäsium) wurde schon bekannt. Die Bagatellisierungen, Aberrationen, oder Einschließen der Lichtgesätze in ein „*Vakuum-Käfig*" - bringen nur ein müdes Lächeln...

Ein Kaffeegespräch der Sachkontrahenten...

● *Können die Myonen mehrfach schneller als das Licht sein?...*

☼ *Na jaaa... Diese skeptische Vermutung ist angeblich erklärbar mit der erdnahen Raumkontraktion und einer transformativen Zeitdilatation, welche Prof. Lorentz dem Einstein einst konstruierte!*
Die Transformationstheorie nach LORENZ, soll alle mit fast Lichtgeschwindigkeit fallenden Myonen befähigen ihre Laufzeit zu deeehnen... - Tja, - die Leute müssen wohl wissen was sie sagen... Nee?
Deshalb erreichen Myonen auch die Erde, obwohl die ultrakurze Halbwertzeit ihres Lebens ohne die relative Zeitverkürzung für diese Teilchen, deren Landung auf der Erde niemals erlauben würde!

☼☼

● *Ist das der einzige Grund dieser tollen Erklärung?*

☼ *Durfte man wirklich den von Wissenschaftlern vorgetragenen Grund des Eintreffens der Myonen auf der Erdoberfläche ablehnen, so bliebe nur die einzige, leider unerlaubte Erklärung dieses Phänomens... Und diese, kann sich wohl kein Wissenschaftler leisten...*

☼☼

● *Und wie heißt diese zweite, leider unerlaubte Erklärung?*

☼ **Na, dass die Myonen Lichtgeschwindigkeit mehrfach überschreiten können!**
Denn... - die fliegen 10 km, obwohl sie schon nach 700 m ihres Laufs zerfallen müssten, denn ihre Lebenszeit sogar mit Lichtgeschwindigkeit (was auch nicht erlaubt ist) nur 700 m der wahren Strecke erlauben würde...

● *Wieso nimmt man die Überlichtgeschwindigkeit der Myonen nicht an?*

☼ *Weil die Relativitätstheorie das nicht erlaubt... Aber, wieso die vor der Schultafel rechnenden Mathematiker ihre Gesichter nicht zeigen wollen??*

● *Hat das bekannte „Opera Experiment" (Genf. 2011) die lichtüberschreitende Geschwindigkeit der Neutrinos doch nachgewiesen?*

☼ *Hmm... Hier soll eine falsche Messung „der Fall gewesen sein".*
Ein von den Kabeln des Opera-Detektors war angeblich locker...
So haben uns die Physiker die Sache erklärt... Die Techniker haben
das Kabel umgetauscht, obwohl nach Meinung der anderen Fach-
leute eine richtige Neubefestigung völlig reichen würde... Hmm...

● *Leiten alle möglichen Kabel gleich schnell?*

☼ *Nein, je nach Leitfähigkeit des im Kabel verwendeten Materials*
leiten die auch unterschiedlich schnell... Wenn das gewechselte Ka-
bel die Überleitung ein wenig „bremsen" könnte, so hätte das auch
einen Einfluss auf Anpassung der korrigierten Geschwindigkeit...

● *Ein Kabel also... Hmm... Und nicht die relativistisch transforma-*
tive Raumkontraktion diesmal für Neutrino? – Na, wenn schon der
Raum für unsere Myonen kürzer werden darf, dann könnte man
auch die Streckenlänge: Genf - Gran Sasso auch hier kontrahieren
lassen. Wäre denn das nicht eine viel bessere Schnaps-Idee, als diese
wohl prosaische Geschichte mit dem angeblich lockeren Kabel...?

☼ *Hmm... Man ist anscheinend in der Panik... nicht sofort auf diese*
Idee gekommen. - Na jaaa... - Wie das manchmal im Stress so ist...

● *Ist der bekannte Tunneleffekt doch eine Erscheinung, welche hier*
für funktionierende Überlichtgeschwindigkeit sprechen könnte?

☼ *Tjaa... Man hat erst mal die große Wahrscheinlichkeit der Über-*
lichtgeschwindigkeit in dem „Tunnelrohrexperiment" mehrfach er-
fasst und als die einzige Erklärung des Phänomens auch publiziert.
Leider sieht man jetzt enttäuschende Versuche, diese Erscheinung
ganz nach dem Motto „Das war wohl ein Irrtum" neu zu erklären...

● *Kann es möglich sein, dass jetzt jede künftig nachgewiesene überlicht-*
schnelle Übertragung der Information, als... eine Bestätigung der relati-
*vistischen Transformationen relativ **günstig verkauft** werden könnte...?*

☼ - *Sehr gut möglich... Wenn man schon den **Myonen** eine Fähigkeit gibt, die Zeit zu dilatieren und die Länge zu kontrahieren, so wird es wohl bald gang und gäbe sein, alles Lichtüberschreitende im Raum mit den transformativen Fähigkeiten der weltbekannten Firma: „Lorenz", auszustatten...*

*Den **Lorentz Gesetzen** genau folgend, müssten nicht nur Myonen, aber auch die Licht-**Teilchen**, welche formintermittierend zum Bestandteil des Lichtes gehören, und als... „Unbeobachtete", nicht in Wellenform wechseln wollen, den transformativen Gesetzen der Relativitätstheorie artig folgen können und ihren Raum + Zeit transformieren müssen! - Hmm... - na gut ...*

Wieso *lehnt man eine überlichtschnelle Möglichkeit des Informations-Transportes im Informationsträger **Cäsium** so beharrlich ab? - Tjaa...*
***Wohl... unerlaubt!** – Wenn ich mir eine Nachahmung der Kommentare erlauben darf: „Ein überlichtschnelles Bisschen Licht im Cäsium, ist noch keine Übertragung der Information! - Es müssten hier größere Felder transportiert werden!" - So einer der der You-Tube Dozenten, der manchmal wirklich unglaubliche Geschichten erzählt...*

Tjaa... Laut des gleichen Dozenten, müsste so ein Informations-Transport laut Zeitumkehr These, in der Zukunft erscheinen, bevor er dahin geschickt wurde...! Auch daran müsste man glauben, wenn man ihm seine wohl Unterhaltung ernst abnehmen könnte... - (Siehe: in You-Tube: Tachyonen...) Wenn man ihn so hört, endet die hiesige Welt an der Grenze der Lichtgeschwindigkeit... - Dahinter „gibt es" nuuur die zeitumkehrte Zukunft... 😊

***Scherz-Kommentar:** - Es müssten schon dafür die Cäsium-Welten existieren, wo die **umgekehrte Zeit** dauernd läuft und wo die dort lebenden Cäsium-Hexlen, - sicher ungewollt... immer jünger werden müssen...! - Na schön, aber... um jünger zu werden, müsste man nicht zuerst... älter werden...?*

Eine nötige Transparenz in CERN..? - Hmm... - Nicht immer...

Wieso hat man in CERN den wissenschaftlichen Mitarbeitern verboten, zu den Resultaten des abgelaufenen (Klimawandel betreffenden) „CLOUD-Experimentes", - jegliche Kommentare abzugeben?

Bringt damit so ein Verhalten eines CERN (nicht-mehr leitenden) Professors, die von derart Institution erwartete Transparenz?

Die offizielle Antwort des auf die Frage, wie kam es zu dieser Zensur, lautete: - Weil man sich damit sofort in die hochpolitische Arena der Klimawandeldiskussion begeben würde... [74]

Da hauptsächlich wir, Steuerzahler, die Leistung der Wissenschaft indirekt bezahlen, haben wir recht, und hier liege ich sicher nicht falsch, die wahrhaftigen ungeschminkten Berichte zu erfahren...

CLOUD oder OPERA, Urknall oder Rel. Theorie... Einige mysteriösen Erklärungen der theor. Wissenschaft sind einfach... sagenhaft...

Wieso wagt sich bislang kein Sender die Ergebnisse im unabhängigen Gremium der kritischen Wissenschaftler öffentlich länger diskutieren lassen? - Hat man etwa Angst vor Intelligenzblitzen aus dem heiteren Himmel? - Eine gute Frage. Die ist aber berechtigt...

Wieso beschreibe ich diese im theoretisch physikalische (die wie ich meine nur indirekt philosophische) Problematik so eindringlich?

Weil jede dogmatisierte Theorie, zu einer klaren Bremse der Erkenntnis führt!

Man kann zunehmend beobachten, dass die letzten Aktionen der jungen Wissenschaft neben der Strategie der Selbstverteidigung, gewisse revolutionäre Gedanken zulassen... Es verwundert, dass man die indiskutable Lichtbeförderung mit dreifacher Lichtgeschwindigkeit im metallischen Cäsium (also im Medium) eine Revolution!

Trotz Verharmlosung und Zweifel, ob man es als Informationsübertragung betrachten soll... Unser Telekom könnte das künftig klären!

---

[74] *Webseite von: europäischen Institut für Klima und Energie. 25.07.11*

Wie lange dauert noch die Konstanz der Lichtgeschwindigkeit?

Ach, sorry... Konstanz im Vakuum natürlich... Wie konnte ich denn das vergessen. - Genauer gesagt: im frei definierten Semivakuum. Denn ein absolutes Vakuum, im Sinne eines Nichts, gibt es nur in manchen wissenschaftlichen You Tube Vorträgen...

Wie wäre es mit einer Lichtgeschwindigkeit in der gesamten Natur? In Raumlosigkeit, würde weder was entstehen können, noch irgendwelche Übertragung der Information einschließlich des Übertragens des Urknall-Universums funktionieren können... Information muss durch Medien des Raumes buchstäblich getragen werden. Die interuniversale Information befördernden Räume, sind somit alles andere als eine Leere. Hier agieren gravitativen, und noch viele unbekannte subenergetische Medien...

Kann das Licht es schaffen, durchlässige Räume ewig durchzudringen und zugleich seine konstante Geschwindigkeit ewig zu behalten?
Die Geschwindigkeiten des Lichtes *variieren je nach Raummedium wie Glas, Wasser oder Diamant, wo das Licht stark gebremst oder auch stark beschleunigt wird...*

Was bewegt die Wissenschaft dauernd zu wiederholen, dass die Lichtgeschwindigkeit im Vakuum, welches Physiker selbst in fünf Stufen einteilen, konstant sein soll? - Welche Stufe soll für die unbedingt gewollte Konstanz eigentlich gelten?

Ein Eindruck der fortgeschrittenen Orientierungslosigkeit kann diesem nur schwer nachvollziehenden Wirrwarr durchaus folgen...

Kann im Universum ein Vakuum im Sinne eines Nichts „vorhanden sein"? Könnte sich im Raum Daseins ein absolutes, energiefreies und gravitationsfreies Vakuum spontan bilden? – Nein...

*Diese eher idealistische Idee würde **einer Raumlosigkeit** gleich sein...*

*Eine Betonung: „Nur im Vakuum", als Gestehen der Unterschiede zwischen Lichtgeschwindigkeiten in vielen Medien und als ein indirektes, wohl... indirektes **Verneinen** deren absoluten Konstanz...*

Eine Flucht ins alles rettende Vakuum...?

Nach der unterschiedlich verminderten Lichtgeschwindigkeit im Wasser, Glass, Plexiglas und der dessen dreifachen Geschwindigkeit im Cäsium, kurz gesagt in der Natur, ändert man die alten Behauptungen Einsteins... Man schränkt die raumgesetzliche Lage ein... **Lichtlauf ist nur im Vakuum konstant...** Und... Licht-Überschreitbarkeit **nicht nur** im Cäsium? - Na jaa... Eine Belehrung: „Im Vakuum bitte", hätte nur einen Sinn im Labor, nicht in der Wirklichkeit... Das wäre zwar wahr, aber unverständlich, um nicht zu sagen sinnlos, denn was will man damit erreichen? Alle den Raum füllenden Arten der Materie, wie Energien, Subenergien, Gravitationen und Informationsbotenstoffe, sind Substanzen... Vakuum als die Camouflage? - Auch unter dieser, würde sich die RT nicht halten können. - Die Physiker definieren drei stufen Vakuums.

Die Theorien kommen und gehen...

Und wenn sich diese irgendwann als falsch erweisen, muss man die durch neue Theorien ersetzen... Natürlich wird das Einiges kosten. Aber es wird (um mich noch mal zu wiederholen) noch mehr Geld kosten, wenn die Wissenschaft aus Angst vor Blamage zögern wird, diese dringend vermutliche Notwendigkeit mutig durchzuführen... Kritisch beurteilend, ist Einstein mit seiner Lichtgeschwindigkeit in einer Sackgasse gelandet, was nicht weiter schlimm wäre, wenn die gehorsamen Neo-Kontinuatoren rechtzeitig sich fragen würden: Was müssen wir jetzt tun? - Aber niemand will danach fragen... Angst vor dem... Damokles-Schwert? - Eine rhetorische Frage... Wohl auch Damokles abhängig, tun viele der Theoretiker so, als ob sie an die Entstehung der Welt aus dem „Nichts" oder an Massenlosigkeit vieler Teilchen als auch an die absolut schnellste Lichtgeschwindigkeit uneingeschränkt glauben würden... Alles Existente hat eine Masse. Das wir diese unterhalb einer bestimmten Größe nicht messen können bedeutet nicht, dass Existenzen zu einem idealen Nichts degradiert werden dürfen.

Aber in der Verteidigung dieses „Nichts" bewundert man dauernd eine wahre Kunst der manipulativen Rhetorik.... – Na... ist das nichts? ☺

Ein bildender Volksunterricht, oder zeitdilatierte Überlebenspolitik?

Der Nachweis der lichtüberschreitenden Geschwindigkeiten in der Natur rückt unaufhaltsam immer näher... Haben die Ligo Mitarbeiter (Feb. 2016) auch die Vermutung konstatiert? - Deshalb die Eile? Das erfasste Signal, flog dank der festgelegten Verwandtschaft mit elektromagnetischen Wellen, bis zum LIGO mit nur Lichtgeschwindigkeit laufen und schafften es zum 100 Jubiläum der Relativitätstheorie einzutreffen. Emm... deshalb die elektromagnetische Verwandtschaft? Trotzdem konnte hier eine Überlichtgeschwindigkeit-Übertragung dieser wohl Raum Stoß-Welle erfolgen. Das soll nicht ausgeschlossen werden. Dieser Gedanke alleine war bislang tabu, da der mit der Relativitätstheorie kollidierte... Wurde das Tabu aktuell gebrochen?

----

*Gibt es die geheim-psychologischen Kräfte, welche in diesem theoretisch-wissenschaftlichen Bereich eine gewisse Angst-Solidarität im Sinne der möglichst länger gesicherten Beschäftigung bewirken? Man hat einen Eindruck, dass einige Dozenten der fraglichen Behauptungen, welche die Wahrhaftigkeit der Relativitätstheorie, als auch der Urknalltheorie zelebrieren, diese Aufgabe aufgelegt bekommen haben... Sowohl die Urknalltheorie, als auch die Relativitätstheorie, gehen von Annahmen aus, welche weiterhin als geltende Pfeile der aktuellen theoretischen Wissenschaft bezeichnet werden... Mit einer großen Fraglichkeit der Behauptungen über Konstanz und unschlagbare Lichtgeschwindigkeit, als auch der Weltentstehung aus dem Nichts, müssten eigentlich alle beiden Theorien, eine diskrete Insolvenz anmelden... Das wird wohl noch dauern, da die beiden Theorien in letzten Jahren zunehmend „dialektischer" wurden... Könnte die zunehmend dialektisch wirkende theoretische Wissenschaft, die moderne Dialektik in Sache: - Titel-Bezeichnungen nach rel. vielen Promotionen und Habilitationen ändern? - Würde z. B. **Dr. Philosophy** nicht besser zu allen Dissertations-Inhalten passen...?*

Anpassungen, welche einer Richtigkeit aller Grundbehauptungen der Relativitätstheorie als auch den der Urknalltheorie dienen sollen, müssten in diesem Buch bedauerlicherweise abgelehnt werden... Alles nur befürworten, wäre meine Selbstverlogenheit...

Man beobachtet Versuche mancher Wissenschaftler, die ein Begriff: „Variable Lichtgeschwindigkeit" ... anstelle des bislang langen verwendeten Begriffes: - Konstanz der Lichtgeschwindigkeit zu verwenden. Das klingt interessant, da es neu ist, aber nichts Neues bedeutet! – Oder für manche doch...? - Hat man wieder Dokumente gefunden, welche bezeugen sollen, dass Albert schon einst auch diese Möglichkeit in Betracht zog? – Also was jetzt endlich... - Variable Lichtgeschwindigkeit oder Inkonstanz des Licht-Laufs? - 😎

Was für Bedeutung könnte diese Begriffsumwandlung haben? 🐱?

Wo liegt die nächste, mühsam konstruierte Wahrheit?

Eine Licht-Variabilität in den Gedanken Einsteins? - Wieso forcierte er letzt-endlich die indiskutable Konstanz dessen Geschwindigkeit?

Wieso steckt die Idee der Variabilität dem Einstein in den Mund erst heute, wo es um seine Rel. Theorie recht brenzlich geworden ist...?

„Er soll daran doch längst gedacht haben"... Derart Wogen glättende Liftings waren einst in der ideologisch-dialektischen Geschichte des Ostens oft praktiziert... Man rettete so einst die Autorität der marxistischen Wissenschaftler und Ideologen denen mal ein Fehler unterlaufen ist... Das, was Dr. ☼... in YouTube präsentiert, könnte man vielleicht als eine aktuelle Dialektik der theoretischen Physik bezeichnen... Ob die Theoretiker und Kenner des Problems das unbeliebte Wort: Dialektik, akzeptieren würden? - Sicher nicht. Will man gestehen, dass Einstein sich falsch entschieden haben soll? Auch nicht.

Das vermutliche Lifting könnte nur bedeuten, dass sich die einsteinsche Konstanz des Lichtes, kaum länger halten lässt... Ein sanfter Übergang zu einer vorsichtigen Relativierung der Relativitätstheorie?

Die „akute Entdeckung" der sog. Gravitationswellen...?

Man konnte schon skeptisch werden, weil der erste „Nachweis" der vermeintlichen Gravitationswellen (2014) und die schnell veröffentlichten Ergebnisse, sich später als völlig falsch erwiesen haben...

Diesmal, (Februar 2016) soll der Ligo-Befund absolut sicher sein... Diese Gravitationswellen sollen, wie alle elektromagnetischen Wellen lichtschnell sein, obwohl die mit dieser Wellengruppe **NUR** entfernt verwandt sind! - Dass ein Wellensignal rund 1,3 Milliarden Jahre durch Universum zu uns gelaufen ist, und genau zum 100 Jubiläum der Relativitätstheorie eingetroffen, ist schon merkwürdig... Diese Pünktlichkeit sprach eher für mehrfache Überlichtgeschwindigkeit dieser Gratulation, - wenn es die G-Wellen gewesen wären...

Ein Femtometer (1 fm) kurze Gravitationswellen „wurden entdeckt"! Laut der Berichte der Ligo-Physiker an freundliche Fachpresse, „hat sich die Erde um diese Größe zusammenquetschen lassen!

Diese Größe sollte Einstein Vermutung festigen... Aber, man muss sich berechtigt die Frage stellen, ob es im Raum Universums auch Wellenarten der ähnlichen Länge existent sein können? - Sicher ja...

Ist der Ligo-Befund aus dem Jahr 2015 nicht eher eine epochale Entdeckung des **überlicht-schnellen Tsunami** im lückenlos substanziell gefüllten Raum? - Die 2015 erfasste Explosion der beiden gravitativen Riesen, bewirkte vermutlich auch hier eine überlichtschnelle Raumdehnung... Übertragung dieser Dehnung? – Die Raum-Wellen?

Und diese konnten auch u.a. vom LIGO durchaus registrierbar sein.

Man könnte dann die neukongruente These, welche besagt, dass die Gravitation mit beschleunigten Gegenständen, also durch ein Schieben des Raumes erzeugt werden soll, erneut überdenken müssen...

Im Urknall geschah wohl Ähnliches. – Aber, von einer Übertragung der damaligen Gesetze auf die aktuelle Existenz Universums will man nichts wissen... - Noch schlimmer, - man verneint das eifrig!

Die überlichtschnelle Expansion des kosmischen Raumes, erwirkte nicht nur einen riesen Knall, aber auch Verschiebung des komprimierbaren, da restlos gefüllten energo-substanziellen Nachbarraumes. Auch die als ob leeren kosmischen Weiten sind lückenlos mit Grundmaterien und höheren Bildungsstufen der Substanz gefüllt...

Würde der Raum „leer" sein, so würde hier KEIN Signal ankommen!

Der aktuell erfasste Crash der wie man sagt, in eine kosmische Kollision geratenen schwarzen Löchern, (ein Beispiel des neu wachsenden des Raumes nach der Theorie von Steinhardt und Turok), - bewirkte nicht nur die massiven Raumverschiebungswellen, aber auch infiltrierte die vorhandenen Grenzräume der weiten Nachbarschaft...

Ist das durch „Ligo" empfangene Signal, tatsächlich ein Beweis der so stressig gesuchten Gravitationswellen? – Wie ich meine, Nein...

Kann dieses Signal Beweis für entdeckte Gravitationswellen sein?

Man kennt die Ursache der Gravitation noch nicht. Man vermutet, dass beschleunigte Bewegung der Massen diese verursachen könnte.

✧✧

Eigentlich müssten auch in der Lichtschnell wandernden Raumwellen mittheoretisiert werden... Komprimierten diese den Raum, da die laut der veröffentlichten Fachberichte der Presse unsere Erde um ein Femtometer (rein mathematisch?) gequetscht haben sollen ... ...?

Sollten die Raumwellen hier eingetroffen sein, so dürften diese auch erheblichen Zeitfluss bewirken. – Die wie ich meine: **Raumwellen,** ließen auch LIGO-Detektor zittern... Kann ein Zittern des Raumes den rein theoretischen Gravitationswellen ad hoc verdankt werden?

✧✧

Der Name „Gravitationswellen" ist frei. Man darf eine Kneipe unter diesem Namen eröffnen und sich freuen... Ein „Argument": „Ligo ist doch keine Kneipe", - habe ich schon gehört... Wundert mich das?...

Der Urknall und die Einschmelzung, der schwarzen Löchern, hatten viel Gemeinsames. - Der komprimierte Raum wurde entfaltet...
Die beiden Ereignisse haben den eigenen explosionsartig ausgedehnt Raum verschoben und verdichtet. Interessant ist, dass Niemand im Kommentieren dieses Ereignisses über eine nur mögliche Überlichtgeschwindigkeit der Raumausbreitung, zumindest am Anfang dieses Ereignisses, eine einzige Vermutung verloren hat... Auch hier ist der Raum nicht entstanden, sondern wurde entkomprimiert.
Eingeübte Logik des Resonierens? *– Ja... Und die ist leider der thomistisch geübten Logik sehr ähnlich... Aus einer Annahme, folgt die **fast gesetzlich geltende** Schlussfolgerung... Denn aus der Prämisse: Es gab erst Nichts... und der zweiten Prämisse: Es gab plötzlich ein Bang, kommt man zum Schluss eines prämier artigen Raum und Zeit Entstehens. Diese Art der Logik übt man auch in der Relativitätstheorie.*

Gravitationswellen? *- Kann man mit diesem Knallkorken die Relativitätstheorie abschließen, und hoffen, dass die Vollständigkeit des Glaubens erreicht wurde? - Glaubte **Stockholm** diesem Glauben?...*
Die amtliche Begründung des erteilten Nobelpreises ist fast peinlich. Hat Jemand doch welche ernsthaft-analytischen Diskussionen zu diesem Thema in den Medien gesehen? Außer „Einstein hatte recht", hat man wohl nichts gefunden... Obwohl dieses Thema viel wichtiger erscheint, als Nachrichten wie: - „Ein Frosch schluckte den Storch", oder, dass ein „Krokodil die Balladen von Chopin spielen konnte..."
*Sollte sich in der objektiven Auswertung der künftigen Weltraum-Kollisionen eine Schlussfolgerung ergeben, dass **die Information** darüber, doch durch Raum überlichtschnell übertragen wurde, werden wir was drüber erfahren? - Hmmm... - Eine sehr schwierige Frage...*

Wer das Alles jetzt gerade macht, wird zum Ritter geschlagen... ☺

DER NOBELPREIS FÜR PHYSIK IST DA! ... aber... wofür genau?

Das wundert mich nur teilweise... Der Druck... (der Entdeckung natürlich) war groß und die Königliche Akademie hat erst mal Ruhe... Gab es eine Möglichkeit der anderen Entscheidung? - Hmm...
Laut einer Erklärung der Juri, erteilte man den Nobelpreis für:
„für entscheidende Beiträge zum Ligo-Detektor und die Beobachtung der Gravitationswellen" - Zitat Ende. - Bin ich damit etwa sehr überrascht? In der letzten Buchversion bezweifelte ich diesen... finanziellen „Erfolg".
Denn: **über Bestätigung oder Nachweis**, ganz zu schweigen von der gravitativen Wirkung der erfassten Wellen, **ist hier kein Wort gefallen...!**

☼

Ein salomonisches Urteil für Menschen, die es richtig lesen können...
Man muss zugeben, dass die Konstruktion des LIGO recht kompliziert war, obwohl nicht so kompliziert wie die des LHC in CERN...
Haben die genialen Konstrukteure in Genf auch den Nobelpreis für ihren imposant funktionierenden **Large Hadron Collider** bekommen...?

☼

Trotz dem ist man gezwungen, weiterhin Fake News über das Urteil zu lesen...
„Einstein bestätigt! - Gravitationswellen sind doch nachgewiesen!" - steht in Headlines einiger Journalisten, also Leuten, die fähig sein müssten, **das Urteil von Stockholm auch zwischen den Zeilen lesen zu können!**
Wieso konnten die es diesmal nicht? - Der Begründungs-Text des Nobelpreis-Komitee ist klar. Man hat die „Entdeckung" nicht voll anerkannt. War Intelligenzmangel mancher Presse situationsbedingt?

☼☼

Ein Satz: - „Für Bau des LIGO Detektors und Beobachtung der Gravitationswellen" – in der bekannten Begründung der kompetenten Fach-Kommission, darf keineswegs heißen: Für die Entdeckung, für Existenzbestätigung oder für Nachweis der Gravitationswellen...!

Wieso nennt man das Erfasste Ding trotzdem „Gravitationswellen"?

Wie schon geschrieben: - Der Name dieser Wellen ist keineswegs urheberrechtlich Geschützt... Deshalb könnte jede beliebige, noch unbekannte Welle, ganz legal „Gravitationswelle" genannt werden!...

Ob diese fragliche Entdeckung sich als glaubhaft durchsetzen kann oder auch nicht, ist eine Frage der Veröffentlichung und des Glaubens... Die für die Presse arbeitenden Psychologen, können sich gut vorstellen, was für ein Prozentanteil der Gesellschaft, die auf die geschnittenen Nachrichten, kritisch lesen und werten kann...

Kann damit die Relativitätstheorie, wie man es laufend gern beteuert und in den Medien intensiv forciert, glaubwürdig abgeschlossen werden? – Hmm... Alles lässt sich irgendwie abschließen... Diesmal geht es aber um wirklich wahre Bedeutung des Satzes: Gut und glaubwürdig abschließen lassen... - Denn für einen glaubwürdigen Abschluss der Relativitätstheorie, sind Wellen, die man erfasst hat und als G-Wellen bezeichnet hat, bedauerlicherweise nicht geeignet.

Trotzdem könnte man diesen fraglichen Fang, als Teilerfolg für die künftige Wissenschaft halten, denn man konnte wie ich meine, mit erfassten Raumwellen relativ glaubhaft vermitteln, dass der Raum eine lückenlose Substanz ist... Und das Ligo-Signal ist doch eine Entdeckung, alleine deshalb, weil diese mancher noch heute habilitiert vertretenden Meinung nachweislich trotzt: nämlich der Meinung, dass der zwischengalaktische Raum als Vakuum absolut leer sein muss... Und das erzählt man heute den Abiturienten und Studenten. Zu Erinnerung: - Im Mittelalter war auch die Luft... absolut leer....

*Was LIGO erfasst hat, sind es wohl kernige Raum-**Stoß-Wellen**, welche ein Schritt weiter im Thema: „Raumkonsistenz" sein könnten...*

SENTENZ:

Was ich in diesem Buch beschrieben habe, ist nicht nur ein ABC des allgemeinphilosophischen Wissens. Die Betonung liegt hier auf einer aktuellen **Erkenntnis** *dessen, was man im üblichen Sprachgebrauch „Gott und die Welt" nennt. - Unsere Welt-Erklärer? - Eine unkritische Annahme der Theorien, welche uns angeboten werden, endet meist in einer stagnativen Ruhe des Geistes. Man fragt nicht weiter, da man es, „schon weiß". Diese Haltung ist natürlich jedem Menschen erlaubt, - aber auch Gott sei Dank nicht jedermanns Sache...*

Es müsste dringend angezweifelt werden, dass:

- Dass Universum begrenzt ist...

- Dass Universum eine zeitlich und räumlich begrenzte Schöpfung eines nicht materiellen Daseins ist...

- Dass Urknall ein Anfang des „ganzen" Universums war.

- Dass es vor dem Urknall alles im Punkt eingeschlossen war...

- Dass Raum und Zeit entstanden sind...

- Dass Lichtgeschwindigkeit eine absolut unschlagbare Größe ist.

- Dass es leicht sein wird, die Theoretiker dazu zu bringen, dieses teure Fundament der „modernen" Physik kritisch zu überdenken.

- Dass Raumzeit eine „vierte Dimension" ist...

- Dass Zeit in einer Nähe der Lichtgeschwindigkeit dilatieren soll und die Länge kontrahieren soll...

- Dass der Schöpfer eine nicht materielle Idea sein muss...

- Dass unsere Naturgesätze gelten auch in den allen anderen Universen gelten müssen... (da die Wissenschaftler es so haben wollen)

- Dass Zeitfluss eine Illusion sein kann...

- Dass Universum blind und blöde ist...

- Das man im Universum Räume mit „Nichts drin" finden kann.

Ein vermutliches Mauern verzögert ohnehin nur sinnlos die zu erwartete Sensation... Die theoretische Physik betreibende Wissenschaft müsste es dann erklären, wie es so weit kommen konnte...
Die theoretisch-kritischen Vermutungen sind erlaubt. - Diese müssen unbedingt als Hypothese oder Theorie klar bezeichnet werden...

Man hat recht gegen die eindringlich zugemuteten Theorien begründend zu protestieren wenn man nach vielen neuen Indizien zu der Überzeugung gekommen ist, dass diese Theorien falsch sein müssen... - Insbesondere dann, wenn man den Eindruck hat, - man würde als Buchleser, oder Student als Jemand betrachtet, - dem man jeden Unsinn verkaufen könnte...

Eine Existenz der Welten Daseins in den aktuellen Formen, nur mithilfe so eines Informationsträgers wie Lichtgeschwindigkeit, halte ich für nicht möglich. Eine Annahme vieler, dem Raum dienenden überlichtschnellen Verbindungen seien demzufolge unausweichlich... Eine Dogmatisierung jeglicher theoretischen Inhalte heute, ist schnell skeptisch begegnet, und bringt keine erwünschten Resultate.

Es geht mir in diesem Buch neben der umstrittenen Lichtgeschwindigkeit und dieser mittlerweile zunehmend fragwürdigen Konstanz, um ein Erwecken eines Glaubens an Existenz vieler Übertragungswege **der augenblicklichen Zwecks-Verlagerung** vieler, im Weltraum agierenden Kräfte... Ohne diese notwendigen Fähigkeiten, könnte unser Universum **in der aktuellen Form**, kaum eine Sekunde länger existieren können, was ebenfalls eine (diesmal glaubwürdige) Hypothese ist...

... und die... lachende Zunge des Meisters, lässt grüßen ...

VERZEICHNIS DER BEGRIFFE

DAS ABSOLUTE. = Dasein, = einzige Wirklichkeit.

Bedeutung dieses Begriffes variiert je nach philosophischer „Lager-zugehörigkeit". - Die Idealisten, Materialisten und Dualisten definie-ren es unterschiedlich. Im Zentrum der Bedeutung steht DASEIN, dessen Interpretation ebenfalls „lagerabhängig" ist.

Im theo-universalistischen Verständnis ist das Absolute mit dem hier beschriebenen Dasein gleichbedeutend. Allmacht, emanierte Gesetzlichkeit und Unendlichkeit seines ewigen, substanziellen Seins sind seine absoluten Eigenschaften...

AGNOSTIZISMUS

Eine Überzeugung, welche einer Möglichkeit jeglicher Erkenntnis in der Frage: „Was ist unser Dasein?" - verneint.

AGNOSTIKER

Vertreter der o. g. Überzeugung.

ANTHROPOSOPHIE

Eine thematische Richtung in der Philosophie, welche den Menschen im Kern der Thematik in allen Aspekten analysiert.

ANTHROPOGENESE

Subtheorie der Anthroposophie, welche je nach wissenschaftlicher Abhängigkeit (Religion), die Herkunft der Menschen erforscht...

ANTHROPOMORPHIE

Eine Neigung die Tiere (in den Märchen) oder Götter in den Religi-onen als Menschen darzustellen oder sogar sprechen lassen...

ANFANGSSINGULARITÄT

Eine theoretisch angenommene, punktuelle VERWEIL-FORM der komprimierten, und raumlosen Protonenmaterie vor dem Urknall, welcher meist als Anfang von allem je Existenten interpretiert wird. Theologen deuten den Urknall als Beweis der Gottesschöpfung.

APOLOGETEN - Die Befürworter einer Bewegung oder Mitglieder eines u.a. intellektuellen Kartells. - Begeisterten Fans...

Eifrige Verteidiger einer bestimmten Idee oder Theorie...

ATTRIBUT

Eine „eiserne" Eigenschaft. In der Philosophie eine Eigenschaft, welche essenziell ist und nicht zu ändern ist, wie eine Allmacht Gottes oder eine Beweglichkeit des materiellen Raumes.

AXIOM

Eine Behauptung, welche nach einer Überzeugung der Theoretiker keine Beweise benötigt und mit einem: „Es ist so", erklärt wird.

BEHAVIORISTEN

Verhaltensforscher. Hier in Text der erkenntnistheoretischen Bedeutung: u. a. Informationsübertragung durch z. B. Telepathie.

DASEIN

In der philosophischen Interpretation, die einzige monistische oder dualistische, somit Lager abhängig interpretierte Wirklichkeit.
Beispiel: Die Welt ist eine Wirklichkeit, aber laut Idealisten keine essenzielle. - Essenzielle Wirklichkeit bildet hier Gott, der Schöpfer.

DUALISMUS

Ein philosophisches Konzept einer Existenz Gottes und Materie nebeneinander, unter der vorausgesetzten Zeitlosigkeit und Unendlichkeit sowohl des Geistes (Gottes) als auch der Materie.

DEMATERIALISIEREN

Ein Raum-Art Wechsel der Materie. Korpuskulare (atomare) Materie übergeht in ihre energetische Form, oder auch umgekehrt.

EIN DOGMA

Ein Dogma ist eine Behauptung, welcher Inhalt indiskutabel gelten muss. - Eine Behauptung, welche als „heilig" gilt.
Eine Behauptung welche man als nicht selten als selbstverständlich geltende Axiome hinnehmen soll...

EMANATION/EMANIEREN

Im religiösen Verständnis, eine Gottesschöpfung der Materie aus einem NICHTS. Im theo-universalen Verständnis der emanativen Schöpfung: eine Schöpfung der Welten in sich, = im Dasein."

EPISTEMOLOGIE oder auch GNOSEOLOGIE
Zwei Begriffe für: Erkenntnistheorie.
EMPIRISCHE WERTE
Alle Erfahrungswerte, welche nach den Kriterien der wissenschaft-
lichen Überprüfbarkeit angewendet werden.
ESCHATOLOGIE DES UNIVERSUMS
Ein theoretischer Tod des Universums infolge einer thermischen
Entropie. Voraussetzung dafür ist: eine geschlossene Welt...
ENTROPIE (thermische).
Ein theoretischer Temperaturausgleich im Universum. Vorausset-
zung: geschlossenes Universum.
ETYMOLOGIE
Leere über die Herkunft der Worte und Begriffe.
EXPLIKATIV
Erklärend. (Ohne Wertung des Inhaltes einer z. B. These.)
GNOSTIKER
Theoretiker, welche die Erkenntnisse aller Geheimnisse der Wirk-
lichkeit (im Gegensatz zu A-Gnostiker) für möglich halten...
GRAVITATIONSKRÄFTE
Substanzielle Multi-Kräfte, welche in der augenblicklichen Wirkung,
ein Zusammenhalten und Stoffwechsel der Atomaren und vermut-
lich auch energetischen Räume ermöglichen. (freie Definition)
HÄRESIE
Katholischer Begriff: - Eine Behauptung oder Theorie, welche der
Lehre der Kirche widerspricht...
HISTORIOSOPHIE (Historie der ... phileo-sophie = Philosophie)
Geschichte der Philosophie.
INTERAKTIONISMUS
Eine dualistische Subtheorie, welche eine gegenseitliche Beeinfluss-
barkeit der nebeneinander existierenden Wirklichkeiten: des Geistes
und der Materie theoretisiert....

IDEALISMUS (philosophischer)

Eine Theorie, welche den a-substanziellen (idealer) Gott für Schöpfung der materiellen Welt würdigt...

IMMANENZ

Philosophische Auffassung, welche dem Geist (Gott), eine Interne Rolle (Anwesenheit) in der Materie zuschreibt...

INTUITION

Eine Vorahnung dessen, was ist, oder künftig geschieht, ohne es genau zu wissen wie und wann es geschieht...

MONISMUS

Ein philosophischer Standpunkt, von welchem man ausgeht, um die einzig existente Wirklichkeit (Dasein) zu beschreiben...

MONOTHEISMUS

Philosophische ein Dasein-Richtung, oder Glaubenns-Prinzip an nur einen Gott. – Gegenteil: Polytheismus.

NIHILISMUS

Eine historiosophische idealistisch angefärbte Theorie, welche einst die Transformation der Materie in die submateriellen Formen, als Verschwinden der Materie beschrieb...

NEOTHOMISMUS

Eine idealistische Kontinuität der theologischen Wissenschaft. Die zeitgenössische Erweiterung des Thomismus.

NORMATIV

Beurteilend, kritisch betrachtend. - Ein Gegenbegriff: Explikativ.

NOVELLIEREN >

Erneuern, neu schreiben, neu beurteilen, aktualisieren.

PANTHEISMUS

In der Geschichte der Philosophie eine These, welche die Existenz des Geistes (Gottes) in der Natur annimmt.

Philosophischer PARALLELISMUS. Eine dualistische Annahme einer symbiotischen Nebeneinander-Existenz des Geistes und Materie.

SCHWERKRAFT = – (freie Definition)

Hypothese: - Eine im massennahen Raum der Energiewechselzone, wirkende Anziehungskraft. (A. D.)

SUBJEKTIVER IDEALISMUS

Eine erkenntnistheoretische Theorie, welche eine subjektiv-skeptische Betrachtung jeder Erkenntnis propagiert. Sicht der Welt ist mit fraglich-wahrhaftiger Empfindung unserer Sinne gestaltet.

SOLIPSISMUS

Eine extreme subjektiv idealistische Theorie der absoluten Verkennung der Wirklichkeit, bis auf deren Inexistenz... - (radikaler S.)

SCHOLASTIK (erkenntnis-theoretische)

Eine dogmatische Stagnation in der Philosophie und Kosmologie des Mittelalters. Kirchliche Wissenschaft des Mittelalters ...

SPEKULATIVE THEORIEN

Die unbegründeten Annahmen und Behauptungen.

TRANSZENDENZ

In der Philosophie: eine Externe Kraft Gottes, welche von außen nach innen die Welt „durchsickert" und kontrolliert.

THEOLOGIE

Kirchliche Lehre über den idealen Gott und seine Schöpfung.

TRÄGHEIT: - Hypothetisch: >

Multi-energetische Gegenkräfte, welche infolge des Widerstandes eines „geschobenen Raumes" auf beiden Seiten entstehen. (Planeten Sterne, Welten oder ein vor sich hin geschobener „leerer" Raum.)

URKNALLTHEORIE

Eine in der aktuellen (noch) Interpretation Art der Weltentstehung aus einer raumlosen Anfangssingularität.

Mit-innbegriffen ist hier ein Entstehen der Zeit und des Raumes. Wobei Zeit ist hier abstrakt. = einer heutigen Uhrzeit gleich...

URSPRUNG. /philosophischer) - In der Philosophie: eine Antwort auf die Frage: - Was war zuerst da...? – Gott oder Materie?...

URMATERIE

Eine Grundmaterie. Bausteine des Universums. So jedenfalls sehen es die theoretischen Physiker von heute. Die das Novum beschreibende und dauernd korrigierte Stringtheorie ist weiterhin in der „Entwicklungsphase"… (Eine reine Theorie)

VAKUUM

Ein Begriff eines begrenzten Raumes, in dem sich keine Teilchen befinden. Nur im Labor erreichbarer Zustand. Theoretischer Raum für genaue Lichtgeschwindigkeit. In diesem Raum gibt es allerdings Energie-Felder wo Teilchen (= Materie), nachweislich entstehen.

ZEITFLUSS   (freie Definition)

Ein dauernder (theoretisch momentan messbarer) Energieumsatz der Materie in den lokaluniversalen Räumen Daseins.

ZEITFLUSS-GESCHWINDIGKEIT   (freie Definition)

Eine momentan-lokale Intensität des Energieumsatzes im definierten Raum. Eine momentane energetisch-gravitative, tief subenergetische (?) und elementarmaterielle (Higgs-Teilchen?) Interaktions-Intensität der Materie im begrenzten lokalen Raum, pro ausgewählte Einheiten des Vergehens. (pro Einheiten der Uhrzeit)

ZENO EFFEKT DER ERDE? - (Eine Hypothese)

Die wissenschaftlich festgestellte Verlangsamung der auf der Erde platzierten Atomuhren ist Faktum! - Womit verursacht? Hier läuft die richtige Politik… Tjaa- Natürlich Gravitation… - Nur diese…?

Da die **vermutliche Zeno-Einwirkung der Erde**, oder genauer: Einwirkung der vermutlichen, bislang noch nicht entdeckten, energo-gravitativen Austauschzone des Erdplaneten, auf den Zerfall der Isotopen in hier platzierten Atomuhren, intensiver ist, laufen die Atomuhren auf der Erde langsamer, als die gleichen Atomuhren in den Satelliten, wo dieser Effekt unter Entfernung und viel kleineren Raumdichte naturgemäß kleiner ist. Fazit: - Dort wo der echte Zeitfluss intensiver läuft, laufen die dort Zeno- gebremsten Isotopen-Uhren langsamer… Das kann man im Labor nicht meistern…

ZENO-QUANTEN-EFFEKT. (eine hypothetische Sicht.)
Da die Unschärfe Reaktion beweist, dass es im Dasein unerklärbare, obwohl klar durch Beobachtung festgestellte Phänomene gibt, beschäftigt man sich auch mit dem lange bekannten Zeno-Effekt.
Der Maximilian Universität in München beschäftigt sich schon seit längerer (Uhr)-Zeit mit der „Quanten-Zeno-Effekt" Problematik.
Die immerhin ernsthaft betrachteten Experimente, konnten die bislang vermutete Einwirkung der apparativen Beobachtung auf die Verlangsamung der Radioaktivität noch nicht deutlich bestätigen.
Allerdings konnte eine angewandte hochfrequente Einwirkung den radioaktiven Zerfall der Isotopen vielleicht leicht beschleunigen...
Sicher ist man noch nicht ganz... Wenn man eine Beschleunigung erzielt werden konnte, müsste auch ein Erwirken einer Verlangsamung möglich sein, was zu bezweifeln ist... Denn die Atomuhren gehen auf der Erde so, wie sie hier gehen müssen... Nämlich gebremst.
Welche unbekannten Kräfte des Raumes, hier auf der Erde noch wirken könnten, um ein Bremsen des Isotopenzerfalls verursachen zu können, weiß man bislang nicht mal im Ansatz... Es ist trotzdem ein wissenschaftlich festgestelltes Faktum... und Wunder gibt es nicht...
In München nichts Neues, - da man dauernd auf der Erde experimentiert? - Die Experimente sind noch nicht abgeschlossen...

✧✧

Da, es (wie schon geschrieben), keine Wunder gibt, und die Uhren auf der Erde doch anders laufen als die gleichen in den Satelliten, muss man nach dessen Ursache nachdenken... Lorenz-Transformation ist es nicht... Eine unterschiedliche Intensität des energo-gravitativen „Partial-Druckes", im Umsatz könnte hier noch infrage kommen... Max. Universität in München, kann im Labor natürlich die Natur nicht kopieren. - Um das Problem weiter zu bringen, müsste man schon einige Zeno Vergleichs-Experimente im Weltall starten...

LITERATURHINWEISE

PHILOSOPHIE

Arendt Hannah
Was ist Existenzphilosophie.
Frankfurt am Main.
1990

Anselm von Canterbury
Proslogion. 1984
Arno Anzenbacher

Einführung in die Philosophie
Wien 1992
Bergson Henri
Schöpferische Entwicklung
Jena 1912

Gilson Etienne
Tomism. Warszawa 1960

Heidegger Martin
Unterwegs zur Sprache. 1990

Holz Harald.
Einführung in die Transzendental Philosophie. Darmstadt 1991

S. Hawking.
Eine kurze Geschichte der Zeit.
Rowohlt Reinbek. 1988

S. Hawking.
Das Universum in der Nussschale. 2001

Jaspers Karl.
Philosophie 1973

Ingarden R.
Der Streit um Existenz der Welt. 1974

Kolakowski Leszek
Die Hauptströmungen des Marksismus

Die dunklen Seiten des Universums. 2006
Meinzer K. Audretsch J.
Vom Anfang der Welt
München 1990

Paul Davies.
Über Unsterblichkeit der Zeit
New York 1996

Scholem Gerschon.
Die Geheimnisse der Weltschöpfung
Frankfurt am Main 1992

Schopenhauer Arthur
Die Welt als Wille und Vorstellung. 1811

Cecile Landau Andrew Szudek.
Das Philosophie Buch.

Artur Schopenhauer
Die Kunst Recht zu behalten.

RELIGIONSWISSENSCHAFTEN

Naumann & Göbel Verlagsgesellschaft. - Köln
Die Bibel.
Bader Erwin
Dialog mit Religionen.

Prof. Ks. E. Dombrowski. Katholische Universität - Lublin
Wstep do religii swiata. 1964

Tyloch Witold
Dieje ksiag Starego Testamentu.
Warszawa 1994

Keller, Kotanski, Tyloch, Kupis
Zarys dziejow Religii
Iskry. Warszawa 1968

Klaus Hock
Einführung in die Religionswissenschaft
2014

Zygmunt Poniatowski
Wstep do Religioznawstwa.
Wiedza Powszechna. 1962

Fritz Stolz
Grundzüge der Religionswissenschaft.
Vandenhoeck & Ruprecht......